Roger Lipsey

Politik und Gewissen

Roger Lipsey

POLITIK UND GEWISSEN

Dag Hammarskjöld

über Leadership und die Kunst der ethischen Führung

Deutsch
von Robert Cathomas
und Helga Jacobsen

Chalice Verlag

Die Originalausgabe erschien
2020 bei Shambhala Publications, Boulder,
unter dem Titel *Politics & Conscience: Dag Hammarskjöld on the Art of Political Leadership*

Deutsche Erstausgabe

Umschlagbild: Dag Hammarskjöld vor dem UN-Hauptsitz, New York, 1953. Wkimedia Commons / www.dh100.se

Frontispiz Seite 2: New York 1959. UN Photo

Frontispiz Seite 151: Neuseeland 1956. UN Photo

Buchgestaltung: Robert Cathomas
Herstellung: BoD – Books on Demand GmbH
Printed in Germany

ISBN 978-3-942914-47-5

Mit dem Kauf dieses Buches haben Sie UNICEF, das Kinderhilfswerk der Vereinten Nationen, mit einer Spende von 1 Euro unterstützt. Danke.

FSC
www.fsc.org
MIX
Papier aus verantwortungsvollen Quellen
FSC® C105338

Inhalt

Für
Ariane Sabet

Im Bewusstsein des Bösen und der Tragik des individuellen Lebens, wie auch im Bewusstsein, dass das Leben würdevoll gelebt sein will.

Dag Hammarskjöld
Tagebuch, 8. Februar 1959

Dank

Dieses Vademecum ist aus gutem Grund Dr. Ariane Sabet gewidmet, der brillanten Mitbegründerin und Direktorin des Programms für Führungskräfte, welches die UNSSC, die Fortbildungsakademie der Vereinten Nationen, in vielen Teilen der Welt anbietet. In ihrem Bestreben, das Vermächtnis von Dag Hammarskjöld ihren Kolleginnen und Kollegen bei den UN näherzubringen, hat mich Ariane seit der Veröffentlichung meiner Biografie *Hammarskjöld: A Life* im Jahr 2013 eingeladen, an Veranstaltungen des UNSSC in Turin, Genf, New York und Cape Town zu sprechen. Aus diesen Vorträgen, bei denen ich erfahren durfte, dass es etwas zu sagen gibt, was gehört werden will, entsprang die Inspiration zu diesem Handbuch. Ich möchte hier festhalten, dass meine Tage in der Welt und unter den Menschen der Vereinten Nationen mir vorkamen wie ein Ausblick in eine mögliche, hoffnungsvolle Zukunft. Dafür danke ich Ariane.

Ebenfalls dankbar bin ich meinen Freundinnen und Freunden und meinen Kollegen und Kolleginnen, die sich die Zeit genommen haben, dieses Buch zu kommentieren, als es im Entstehen war: Susan Williams, Gervase Hood und David Wardrop im Vereinigten Königreich, Hans Kristian Siemensen und Henning Melber in Schweden, John Y. Jones in Norwegen sowie Thord Palmlund, Tracy Cochran und Jeff Zaleski in den Vereinigten Staaten. Wie einst Dag Hammarskjöld »danke ich jenen, die mich gelehrt haben.« Sämtliche faktischen oder Interpretationsfehler gehen einzig und allein auf meine Kappe.

Die erste Idee zu diesem Vademecum tauchte in einer Unterhaltung mit meiner Frau, Susan, und unserem Freund Rob Gabriele auf. Anschließende Gespräche mit Dave O'Neal, dem mittlerweile pensionierten Cheflektor bei Shambhala, überzeugten uns, dass das Projekt in diesem Verlagshaus am richtigen Ort sei. *Der Weg des selbstlosen Staatsmannes* lautete der Titel, den Dave gerne gesehen hätte. Wie mutig!

In der Folge genoss ich bei Shambhala die Zusammenarbeit mit Matt Zepelin und Emily Coughlin vom Lektorat sowie mit Lora Zorian und Daniel Urban-Brown aus der Grafikabteilung. Loras Idee, für die Gestaltung von Satzspiegel und Typografie Steve Dyer hinzuzuziehen, war genial: Dieser hatte noch beim Designer studiert, der damals die amerikanische Erstausgabe von Dag Hammarskjölds Tagebuch *Markings* (im schwedischen Original *Vägmärken*) gestaltet hatte. Das ähnliche Erscheinungsbild dieser beiden US-Ausgaben ist also durchaus beabsichtigt und willkommen. Auch Nikko Odiseos, KJ Grow, Liz Shaw, John Golebiewski, Peter Schumacher und Adria Batt bin ich dankbar sowie all den weiteren Menschen bei Shambhala, die mitgeholfen haben, dieses Buch zu publizieren. Dianne Edwards gebührt wieder einmal mein Dank für das Einholen von Rechten und Bildmaterial.

Meinem verstorbenen Freund und Kollegen Daniel von Sydow sowie meinem guten New Yorker Freund Thord Palmlund verdanke ich die Übersetzung von Originalkorrespondenz aus der schwedischen Nationalbibliothek. Details zu den einzelnen Übersetzungen finden sich in den Anmerkungen meiner Hammarskjöld-Biografie.

Susan, meine Frau, begleitete das Projekt die ganze Zeit sehr eng. Sie schätzt Dag Hammarskjöld ebenso wie ich.

ROGER LIPSEY

Gegen Ende seines Lebens und nach vielen Jahren der Erfahrung als Generalsekretär der Vereinten Nationen erklärte Dag Hammarskjöld in einem Brief an einen schwedischen Freund, weshalb er sein Verständnis von Politik und internationalen Beziehungen nie ganz zu Papier gebracht hatte:

> Wozu und auf welche Weise unsere Generation berufen ist – ich glaube, ich weiß es, und vielleicht lebe ich es sogar. Doch vermag ich es nicht in Worte zu fassen, die anderen helfen könnten. Eines Tages wird es mir vielleicht gelingen, wenn ich das, was ich tagtäglich erlebe, aus einer neutraleren Perspektive betrachten kann.

Wie ein solches Werk ausgesehen hätte, werden wir nie erfahren. Das vorliegende Buch ist eine Spurensuche.

Einführung

Der Kodex

Dag Hammarskjöld diente den Vereinten Nationen als zweiter Generalsekretär vom April 1953 bis zum September 1961. Jene Jahre liegen nun schon eine ganze Weile zurück, doch sein damaliges Denken und Handeln im Amt erneuerten etwas von bleibender Bedeutsamkeit: einen Verhaltenskodex für politische Führungskräfte und für Nationen. Hammarskjölds Beitrag zu diesem Kodex ist heute weniger bekannt, als er es verdient. Eigentlich müsste er zum Allgemeinwissen gehören. Wenn John F. Kennedy Hammarskjöld als »den größten Staatsmann unseres Jahrhunderts« schätzte, war dies keine Übertreibung, und Jahrhunderte setzen hier auch nicht zwangsläufig die Grenzen.[1] Wir brauchen Hammarskjölds Einsichten heute noch immer.

Man erinnert sich gerne an ihn als einen typischen Europäer, der vier Sprachen beherrschte, Rechts- und Wirtschaftswissenschaften studiert hatte, diplomatische Höflichkeit an den Tag legte, sich wenn immer möglich locker und entspannt gab, wenn nötig, aber auch entschieden auftreten konnte. Er scheint ewig jung geblieben zu sein, oder zumindest beinahe, weil er im Alter von erst siebenundvierzig Jahren mit jugendlichem Aussehen in sein Amt gewählt wurde

1. Vergleiche dazu Sture Linnér: "Dag Hammarskjöld and the Congo Crisis, 1960–61" in Sture Linnér und Sverker Åström: *UN Secretary-General Hammarskjöld: Reflections and Personal Experiences,* Broschüre der Dag-Hammarskjöld-Lesungen 2007, gemeinsam veröffentlicht von der Dag Hammarskjöld Foundation und der Universität von Uppsala. Siehe auch Roger Lipsey: *Hammarskjöld: A Life,* Ann Arbor: University of Michigan Press 2013, Seite 585.

und nur etwas mehr als acht Jahre später unter bedrückend mysteriösen Umständen bei einem Flugzeugabsturz in Afrika ums Leben kam (siehe dazu Anhang 1). Einige halten ihn für einen Idealisten oder Visionär, doch keine der beiden Beschreibungen erfasst sein Politikverständnis. Ein Visionär, ja – doch hat er niemandem das Paradies versprochen. Bereits ein Jahr nach seinem Amtsantritt äußerte er sich darüber unmissverständlich: »Es wurde gesagt, die Vereinten Nationen seien nicht gegründet worden, um uns in den Himmel zu bringen, sondern, um uns vor der Hölle zu bewahren.«[2] Ein Jahr später, als die Vereinten Nationen ihren zehnten Geburtstag feierten, beschrieb er sie in seinem Tagebuch als »ein bescheidenes Werk aus Menschenhand – aber du musst alles für diesen Traum geben, denn nur das wird ihn in der Wirklichkeit verankern.«[3] Keine Illusionen also, aber sein Engagement für die Werte und die globale Rolle der UN kannte keine Grenzen.

Hammarskjöld geht es in diesen wenigen Worten um die Vereinten Nationen. Was nicht überrascht, denn sie waren seine Berufswelt, seine Dienststube. Seine politischen Ansichten jedoch waren nicht auf die UN beschränkt; sie sind unser aller Gut. Die Vereinten Nationen boten ihm eine komplexe Gemengelage – voller widerstreitender nationaler Interessen, Besuchen von Staatsoberhäuptern, Zwischenfällen und ausgewachsenen Krisen –, in welcher er als führender Beteiligter praktisch jegliche Form von Auseinandersetzungen erlebte und von jedem Mittel zur Konfliktentschärfung und -bewältigung Gebrauch machte. Er war, sogar führend, beteiligt an Anstrengungen zur Sicherung von wachsendem wirtschaftlichem Wohlstand, sozialer Gerechtigkeit und Stabilität in Ländern und Gesellschaften von äußerst unterschiedlichem Charakter. Die von ihren jeweiligen

2. »Ansprache an der Promotionsfeier der Universität von Kalifornien, Berkeley, 13. Mai 1954« in PP2, Seite 301.

3. *Tagebuch*, 1. August 1955.

Staaten als Botschafter bei den Vereinten Nationen bestellten Männer und Frauen gehörten häufig zu den Besten ihres Faches; sie waren Hammarskjöld Kollegen und Widersacher, Vorbilder an würdevoller Rücksichtnahme und gutem Willen oder schlechte Beispiele ideologischen Zorns und Intrigantentums – alle versammelt in einem einzigen Gebäude, oft in ein und demselben Saal. Die Vereinten Nationen waren und sind eine Weltschule, und zwar eine Schule, die er als Lehrer wie auch als Schüler besuchte. Doch wenn wir verstehen möchten, was er uns heute noch zu sagen hat, müssen wir ihn losgelöst von den Vereinten Nationen würdigen. Er steht nicht nur für Diplomatie, obschon diese damals so entscheidend war wie heute; bei ihm geht es um Politik und menschliche Beziehungen auf jeder Ebene und in allen Zusammenhängen – häufig komplex, manchmal einfach und herzlich. Kurz vor dem so frühen Ende seines Lebens fragte ihn sein Ferund John Steinbeck, der Schriftsteller, der sich gerade mit seiner Familie zu einer Welttournee aufmachte, was ihm auf seinen Reisen am meisten bedeute. »Auf dem Boden zu sitzen und mit den Menschen zu reden«, antwortete Hammarskjöld. »Das ist das Allerwichtigste.«[4]

Ich habe eingangs einen Kodex erwähnt als etwas Wirkliches und Bedeutsames. Wie also lautet dieser und worauf beruht er? Weshalb ist er auf eine subtile Weise präsent, als läge er in der Luft, die wir alle atmen, trotz der eklatanten Tatsache, dass der politische Alltag oft getrieben wird von den egoistischen Interessen politischer Führer, ihrer Geldgeber und ihrer Parteien? Bei einer Gelegenheit war Hammarskjöld bereit, den Ursprung dieses Kodexes in einer mythischen Vergangenheit zu verorten, in einem Irgendwo im Überall. Er bezog sich auf die UN, aber in Worten, die darüber hinaushallen, als er erklärte:

4. Siehe Roger Lipsey: *Hammarskjöld: A Life,* Seite 544.

> Die Vereinten Nationen sind keine neue Idee. Sie sind hier aufgrund vergangener Jahrhunderte des Ringens. Sie sind die logische und natürliche Weiterentwicklung von Gedankengängen und Bestrebungen, die weit zurückreichen in alle Winkel der Erde, seit ein paar Menschen sich zum ersten Mal über die Ehrbarkeit und die Würde anderer Menschen den Kopf zu zerbrechen begannen.[5]

Der Kodex ist ein facettenreiches Ganzes aus vielerlei Quellen. Wie Hammarskjöld gut wusste, sind seine Prinzipen uralt, seine Gültigkeit und seine Wirkung jedoch bis heute aktuell. Perikles berief sich auf ihn und vermittelte seine Werte mit unvergessener Eloquenz in seiner Grabrede von 431 v. Chr. Ein Jahrhundert später sprach Aristoteles über andere Facetten dieses Ganzen: über Regierungsformen, über Rechtsstaatlichkeit und über die ethischen Grundlagen von individuellem Glück und stabilem Gemeinwesen. Aufbauend auf dieser Vorgeschichte, nahm sich das Römische Recht der Erfordernisse einer komplexen Gesellschaft mittels seiner überaus fein gegliederten Strukturen an, die zum Teil bis heute gültig sind, und der stoische Kaiser Mark Aurel erforschte in seinen *Selbstbetrachtungen* die Dimensionen von Integrität und stiller Schau im Zentrum der Macht. Aber es gab nicht nur Rom, es gab auch Jerusalem. Schrifttum und Geschichte des jüdisch-christlichen Kulturraumes verankern uns bis auf den heutigen Tag nicht nur in einem Gesetzes-, sondern auch in einem Verwandtschaftskodex des »Nach-

5. »Rede vor Mitgliedern beider Häuser des Parlaments bei der Sitzung der britischen Vertreter der Interparlamentarischen Union, London, 2. April 1958« in PP4, Seite 55. Ich sollte [in Bezug auf das englische Wort *men* für »Menschen«] hier ergänzen, dass die – ganz überwiegend männlichen – führenden Politiker um die Mitte des zwanzigsten Jahrhunderts, abgesehen von ganz wenigen Ausnahmen, noch nicht angefangen hatten, sich mit der Gender-Frage zu beschäftigten.

denkens über die Ehrbarkeit und die Würde anderer Menschen«. Aus derselben Quelle haben wir ebenso die Vorstellung geerbt, dass unsere menschliche Freiheit, unsere Weisheit und Torheit, unsere Freundlichkeit und Grausamkeit von oben aufmerksam betrachtet werden – und dass wir eines Tages das, was wir sind, verantworten müssen. Und dass der Himmel Anständigkeit bevorzugt.

Aus diesen Ursprüngen, aus Rom und Jerusalem, floss und entfaltete sich die politische Kultur Europas, in der sich von Zeit zu Zeit lebhafte Stimmen erhoben, von denen die vielleicht lauteste Machiavelli gehörte, der im sechzehnten Jahrhundert seinen Fürsten bereitwillig lehrte, seine Macht brutal zu sichern und zu erhalten, in seinem eigenen Herzen jedoch kein Freund von Tyrannen war. »Es gibt und gab viele Staatsoberhäupter«, schrieb er 1517 in seinen *Discorsi,* »aber nur wenige gute und weise.«[6] Unauslöschliche Worte, adressiert nicht nur an die Fürsten seiner Zeit. Mitunter hatte Hammarskjöld auch ihn im Kopf, zum Beispiel 1956 bei einem Toast auf den italienischen Staatspräsidenten: »Sogar die häufig schlechtgeredeten Prinzipen Machiavellis können uns hie und da als nützliche Lektion dienen, denn sie lehren uns, unsere Illusionen zu erkennen und richtig einzuschätzen, und dies ist eine Disziplin, die zu vernachlässigen wir uns inmitten der Gefahren des Atomzeitalters wohl kaum erlauben können.«[7] Auch das gehört zum Kodex: aufmerksam zu sein für Illusionen, bevor sie Schaden anrichten.

Auf zahllosen Wegen trug die Aufklärung des achtzehnten Jahrhunderts zur Bereicherung des Kodexes hinsichtlich der Regulierung einer gesunden

6. Niccolò Machiavelli: *Discorsi – Gedanken über Politik und Staatsführung,* übersetzt, eingeleitet und erläutert von Rudolf Zorn, mit einem Geleitwort von Herfried Münkler, Stuttgart 2007, I 58, Seite 156.

7. »Trinkspruch am Dinner zu Ehren von Giovanni Gronchi, dem Präsidenten der Italienischen Republik, New York, 12. März 1956« in PP3, Seite 64.

Staatskunst im öffentlichen Dienst bei. Einer der herausragendsten Beiträge leistete der Verfassungskonvent der Vereinigten Staaten im Spätfrühling und Sommer des Jahres 1787 in Philadelphia. Benjamin Franklin zeige sich über dessen Verlauf erstaunt:

> Wenn man eine Anzahl von Männern zwecks des Vorteils ihrer vereinten Weisheit versammelt, bringt man mit diesen unweigerlich auch ihre Vorurteile, ihren Zorn, ihre irrigen Anschauungen, ihre Lokalinteressen und ihre selbstsüchtigen Ansichten zusammen. Können wir von solch einer Versammlung ein vollkommenes Resultat erwarten? Daher erstaunt es mich [...], dass diese Einrichtung der Vollkommenheit derart nahekommt.[8]

Zwar wies sie noch genügend Mängel auf, um fast achtzig weitere Jahre der Versklavung der schwarzen Bevölkerung und der ungehemmten Feindseligkeit gegenüber den Ureinwohnern Nordamerikas zu erlauben, doch war sie vollkommen genug, um bis heute die Beständigkeit einer Nation zu wahren.

Insofern es sich dem Kodex verbunden fühlt, versteht ihn jedes Zeitalter im Rahmen seiner lokalen Bedingungen mit der Sensibilität, die rücksichtsvolle Menschen gemein haben. In seiner Inaugurationsrede vom April 1789 als erster Präsident der Vereinigten Staaten unter der neuen, hart erkämpften Verfassung hört sich George Washington – natürlich – wie der Gentleman aus dem achtzehnten Jahrhundert an, der er war; doch einer seiner vielen Hauptpunkte, auf die er Gewicht legt, bildet einen integralen Bestandteil des Kodexes, wie ihn auch Hammarskjöld verstand. In jeder echten Tradition hallen Echos *aus* der Vergangenheit sowie Echos *in*

8. Edward J. Larson und Michael P. Winship [Hrsg.]: *The Constitutional Convention: A Narrative History from the Notes of James Madison,* New York: Modern Library, 2005, Seite 154.

die Vergangenheit. So sagt Washington: »Die Grundlagen unserer nationalen Politik werden in den reinen und unabänderlichen Prinzipen der persönlichen Moral verankert sein; und die herausragende Stellung einer freien Regierung wird sich in all den Eigenschaften zeigen, welche die Zuneigung ihrer Bürger zu gewinnen und sich den Respekt der Welt zu verschaffen vermögen.«[9] Seine Anliegen sind das, was er »persönliche Moral« nennt, sowie die Regierungsform. Beide müssen zueinander passen; die eine stützt die andere. Dieser Punkt ist verbindlich und wahr geblieben bis in die Zeit von Dag Hammarskjöld und in unsere eigene, doch unsere heutige Kultur ist weitaus psychologischer eingestellt als diejenige im Amerika des achtzehnten Jahrhunderts. 1953 sagte Hammarskjöld:

> Unsere Arbeit für den Frieden muss in der persönlichen Welt eines jeden und einer jeden von uns beginnen. Um für die Menschheit eine Welt ohne Furcht aufzubauen, müssen *wir* furchtlos sein. Um eine gerechte Welt zu gestalten, müssen *wir* gerecht sein. Und wie können wir für Freiheit kämpfen, wenn *wir* im eigenen Geist nicht frei sind? Wie können wir Opfer von anderen verlangen, wenn *wir* nicht zu opfern bereit sind?
>
> Manche mögen dies bloß für einen weiteren Ausdruck nobler Prinzipien halten, die allzu weit abseits der harten Realitäten des politischen Lebens liegen. [...] Damit bin ich nicht einverstanden.[10]

Ich denke, Washington hatte sich mit einem Verweis auf die »persönliche Moral« begnügt, weil er davon

9. George Washington: *Writings*, herausgegeben von John Rhodehamel, New York: Library of America, 1997, S. 732.

10. Aus der »Neujahrsansprache im UN-Radiosender vom 31. Dezember 1953« in PP2, Seite 209.

ausging, dass jeder wisse, was er damit meinte. Mit der grundsätzlich selben Intention bezieht sich Hammarskjöld auf das *gelebte Wesen* der persönlichen Moral, auf die innere Vorbereitung und persönliche Anstrengung, die eine solche einem abverlangen mag: zu erkennen, was unsere eigenen Ängste sind, und sich von ihnen zu befreien; zu vermeiden, dass unsere Vorurteile die Gerechtigkeit beeinträchtigen; geistig frei zu sein, was auch immer das wirklich bedeutet; zu opfern bereit zu sein, wo Opfer verlangt werden, seien es Zeit, Behaglichkeit, Wohlstand oder sogar unser Leben. Für Hammarskjöld und noch mehr für unsere heutige Epoche ist persönliche Moral ein psychologischer Fakt, als wäre ein Fenster aufgestoßen worden zu den inneren Forderungen, die der Kodex an uns stellt. Wir alle sind sozusagen Kinder von Freud und Jung und ihren Nachfolgern, und der Kodex unserer Zeit trägt ihre gemeinsame Handschrift zusammen mit unserem Erbe aus Recht, Religion und jahrhundertelanger politischer Erfahrung.

Die Schriften von Edmund Burke (1729–1797), einer weiteren großen Figur aus dem achtzehnten Jahrhundert, zeigen auf, dass hochfliegende Ideen wie unser Kodex Schaden anrichten können, wenn sie unempfänglich werden für die Erfahrung der Gegenwart. Auch Burkes Sprache spiegelt ihre Zeit, klingt voller und langsamer als unsere heutige, als trüge sie schwere, geschmückte Kleider; doch worauf er hinauswill, klingt durch:

> Ich vermag [...] nichts zu loben oder zu verurteilen, das sich auf menschliche Handlungen oder Angelegenheiten bezieht in Form einer einfachen Sicht auf ein Objekt, das jeglicher Beziehungen entblößt in der gänzlichen Nacktheit und Einsamkeit der metaphysischen Abstraktion dasteht. In Wirklichkeit sind es die Umstände [...], die jedem politischen Prinzip seine charakteristische Farbe und besondere Wirkung

> verleihen. Die Umstände machen jeden staatlichen und politischen Plan den Menschen förderlich oder schädlich.[11]

Was ich daraus entnehme, ist, dass der in einer bestimmten Epoche gültige Kodex aufgrund der aktuellen Praxis modifiziert wird und werden muss, nicht in seinen Grundfesten, aber in anderer Hinsicht. Er wird berieselt von neuen Erfahrungen und neuen Prüfungen des Lebens, bleibt aber dennoch wiedererkennbar: Ehrenhafte und anständige Frauen und Männer, denen die Gesellschaft, der sie dienen, wahrhaft am Herzen liegt, verkörpern, was er zu einer bestimmten Zeit und an einem bestimmten Ort besagt. Üblicherweise sind sie keine Politikgelehrten. Wahrscheinlich erfassen sie, was in einer gegebenen Situation am besten ist, aufgrund welcher Tradition auch immer, die ihnen gerade zur Verfügung steht, sowie auf Basis ihres Gewissens, jener geheimnisvollen, aber realen inneren Stimme. Und das Gewissen ist kein Gelehrter. Sie halten sich zum Teil instinktiv, zum Teil aus Überlegung an den Kodex, als sei er virtuell in ihrem inneren Leben gegenwärtig, zwar nicht schematisch und explizit, aber nichtsdestotrotz jederzeit abrufbar. Ihre Werte sind, auch unter turbulenten Umständen, feststehend und jederzeit bei der Hand. Es ist höchst unwahrscheinlich, dass sie den Begriff »Kodex« verwenden würden, doch auf seinen lenkenden Einfluss ist Verlass, wenn solche politischen Führungsfiguren ihn suchen. Bei den Vereinten Nationen haben sich Menschen in leitender Stellung manchmal gefragt, und fragen sich vielleicht auch heute noch: »Was würde Dag tun?« Das bedeutet, sich bei der Tradition und beim Gewissen zu versichern und damit letztlich beim Kodex, der das Gewissen ausrüstet.

11. EDMUND BURKE: *Reflections on the Revolution in France*, herausgegeben von L.G. Mitchell, Oxford: University Press, 1993, Seiten 7–8.

Hammarskjöld war sowohl ein Mann der Tat als auch ein politischer Denker; seine Ausbildung in Schweden, sein Studium und die anschließende Zeit im Staatsdienst waren für ihn ein gutes Vorspiel zu seinen Jahren bei den Vereinten Nationen, die sein Verständnis von politischen Beziehungen und einer gerechten Gesellschaft auf den Prüfstand stellten, verfeinerten und erweiterten. Doch er war auch ein gläubiger Mensch, ein Leser der Evangelien und der Psalmen, der christlichen Mystiker des Mittelalters sowie der Frühklassiker Indiens und Chinas – allesamt kraftvolle Schriften, die seine Ansichten zur menschlichen Identität formten und ihn lehrten, von innen heraus zu leben. Jerusalem und Rom, die Spiritualität und sein lebenslanges Interesse an intakter Gemeinschaft, koexistierten in ihm. Auf den folgenden Seiten werden wir diesen Aspekt seines Wesens und dessen Einfluss auf seine politische Praxis genauer betrachten. Im Augenblick kann uns dieser Hinweis helfen zu verstehen, was er mit folgender Passage aus einer Rede vor einer religiösen Vereinigung im Jahr 1957 meinte:

> Es wird gerne versucht, die Entwicklung der Menschenrechte ausschließlich den liberalen Ideen zuzuschreiben, die sich im Zeitalter der Aufklärung durchzusetzen begannen. Dies bedeutet jedoch, den historischen Hintergrund jener Vorstellungen zu übersehen. Es bedeutet ebenso, unsere Verbindungen zu einer Kraftquelle zu kappen, die wir brauchen, um die Arbeit für die Menschenrechte fruchtbar werden zu lassen und diesen Rechten, wenn sie einmal etabliert sind, den passenden spirituellen Gehalt zu verleihen.[12]

12. »Rede über Menschenrechte und Friedensarbeit anlässlich des Abendessens zum fünfzigjährigen Bestehen des American Jewish Committee, New York, 10. April 1957« in PP3, Seite 559.

Mit anderen Worten: Die Aufklärung speiste sich aus Jerusalem, aus jüdisch-christlichen Werten, und seiner Ansicht nach mussten politische Ideen mit jenen antiken Schatzkammern im Dialog bleiben.

In unserer Zeit gab es noch andere, deren Denken und Führungsstil ein solches Festhalten am alten, aber ewig jungen Kodex veranschaulichen und zu herausragenden Resultaten führten. Sie inspirierten in ihren Nationen und Regionen den Wandel zum Positiven und eröffneten darüber hinaus mit ihren Schriften, Reden und Vorbildern politischen und persönlichen Mutes neue Visionen. Sie veränderten unsere Art zu denken und unseren Sinn für das Machbare. Ich denke dabei insbesondere an Persönlichkeiten wie Nelson Mandela, Václav Havel, Andrei Sacharow und Martin Luther King Jr. – Sie werden Ihre eigene Liste haben. Hammarskjöld gehört auf jede von ihnen. Es stimmt: Er war nicht eloquenter als Havel, nicht luzider als Sacharow und so weiter; jeder dieser außergewöhnlichen Beitragenden zum Wohlergehen der Menschheit war reich begabt, scharfsichtig und erfahren. Doch ab einer bestimmten Stufe der Exzellenz fangen Vergleiche an zu hinken. Diese Individuen stellten sich den Umständen, nahmen ihr Amt wahr und forderten das Schicksal heraus mit allem, was ihnen zur Verfügung stand, und das reichte aus. Hammarskjöld lebte und verkörperte den politischen Verhaltenskodex als Dienst an der Menschheit mit inspirierender Kraft. Zudem kann man leicht von ihm lernen, weil er sich klar ausdrückte und ein derart weites, inneres wie äußeres Feld abdeckte. Ich wüsste nicht, was er ausgelassen hätte; vielmehr erweiterte er den Kodex, verankerte ihn in neuen Weltgegenden und bot ein Paradebeispiel einer achtsamen öffentlichen Führungspersönlichkeit in einer Zeit, in der Wort »Achtsamkeit« noch ungewohnt war.

Achtsamkeit ist also mit Bezug auf Hammarskjöld ein passender Begriff, auch wenn er selbst ihn nicht im Munde führte. Für eine richtige Einschätzung brauchen wir ein frisches, dynamisches Verständnis von dessen Bedeutung. Hammarskjöld setzte sich aus eigenem Antrieb und mit seinem ganzen Wesen ein: seine Gedanken, seine Gefühle und sein Körper waren geleitet von einer forschenden Aufmerksamkeit. Er betrachtete sich selbst in Ruhe und Stille, und auch im Gebet, und erwies sich aufgrund dieser Selbstbewusstheit als fähig, mit eindrucksvoller Klarheit und Tiefe, aber dennoch mit großer Beweglichkeit zu handeln. Wenn Achtsamkeit so definiert wird, war Hammarskjöld deren Verkörperung. Diese Werte – eine nachhaltige, bewusste Innerlichkeit an der Seite einer hingebungsvollen Bereitschaft zu dienen – sprechen aus den Worten, die er aus einem antiken chinesischen Text in sein Tagebuch übertrug und zu denen er während seiner Jahre bei den Vereinten Nation oft zurückkehrte: »Wer diese große Kraft besitzt, in sich hineinzuschauen, ohne sich abzuwenden, *und von dort aus zu handeln,* wird seine Bestimmung finden.«[13] Die kursive Auszeichnung stammt von ihm und spiegelt die Imperative seiner damaligen Lebenssituation.

Immer, auch auf seinen Reisen, trug Hammarskjöld ein Exemplar der Charta der Vereinten Nationen bei sich.[14] Er war daran gebunden, wie auch an die Allgemeine Erklärung der Menschenrechte, beides Dokumente aus der Zeit nach dem Zweiten Weltkrieg, aus den Jahren 1945 beziehungsweise 1948. Dies waren die deutlichsten Ausformulierungen des Kodexes, nach dem er lebte und arbeitete. Die Präambel der Charta beginnt mit den Worten:

13. *Tagebuch,* 10. Juni 1956; ein Zitat von Konfuzius.

14. Die Charta, von den Gründungsmitgliedern am 26. Juni 1945 in San Francisco unterzeichnet und ratifiziert am 24. Oktober, der seither als »Tag der Vereinten Nationen« gefeiert wird, bleibt auf immer historisch verbunden mit der atomaren Bombardierung Hiroshimas und Nagasakis im August desselben Jahres. Diese beiden Ereignisse waren damals Hall und Widerhall und sind es noch heute.

> Wir, die Völker der Vereinten Nationen – fest entschlossen, künftige Geschlechter vor der Geißel des Krieges zu bewahren, die zweimal zu unseren Lebzeiten unsagbares Leid über die Menschheit gebracht hat, unseren Glauben an die Grundrechte des Menschen, an Würde und Wert der menschlichen Persönlichkeit, an die Gleichberechtigung von Mann und Frau sowie von allen Nationen, ob groß oder klein, erneut zu bekräftigen, [...] und für diese Zwecke Duldsamkeit zu üben und als gute Nachbarn in Frieden miteinander zu leben [...][15]

Die Kluft zwischen diesen Idealen und Werten und unserer langen Erfahrung seit den Jahren ihrer Übernahme durch die UN-Mitgliedsnationen ist riesig. Und sie lässt uns nachdenklich innehalten: Wer sind wir? Wozu sind wir fähig? Ist uns ein tragisches, törichtes Ende bestimmt? Solche Überlegungen machen klar, dass der Kodex, wie auch immer wir ihn auf den nachfolgenden Seiten verstehen lernen, die Grundlage darstellt für einen anderen Ausgang: nicht töricht und tragisch, sondern ehrbar, vernünftig und verdient durch die kollektive Intelligenz »der Völker« und politischen Führungspersönlichkeiten von unbestreitbarer Aufrichtigkeit und Fürsorglichkeit.

Manchmal werden wir mit Vorstellungskraft und Kreativität lesen müssen, um die Zusammenhänge zu erkennen zwischen unseren aktuellen Problemen und denen von Hammarskjöld vor einigen Jahrzehnten. So sind wir heute beispielsweise alle besorgt – oder sollten es zumindest sein – über die Klimaveränderung. Die war zu Hammarskjölds Zeit kein Thema, doch einer seiner Gedanken über das Timing von Gefahrenabwehr ist brennend aktuell: »Ich denke, wenn eine Gefahr besteht«, sagte er auf einer Pressekonferenz im Frühling 1955, »sollten wir schon

15. Charta der Vereinten Nationen: unric.org/de/charta/.

allein auf Grund der Tatsache reagieren, dass eine Gefahr *besteht,* und keine Zeit verlieren mit irrigen Spekulationen darüber, dass die Gefahr noch in weiter Zukunft liegt. Das heißt: Unabhängig davon, wie wir den zeitlichen Verlauf möglicher gefährlicher Entwicklungen einschätzen, sollten wir so handeln, als geschähen die Dinge bereits morgen.«[16]

16. »Abschrift einer Pressekonferenz vom 5. April 1955 in New York« in PP2, Seite 474.

1 Schicksal ist, was wir daraus machen

Als Hammarskjöld am 9. April 1953 auf dem Flughafen in New York landete, um sein Amt als Generalsekretär der Vereinten Nationen anzutreten, wurde er von den Pressevertretern erwartet und er enttäuschte sie nicht. In wenigen Worten entwarf er eine umfassende Perspektive im Hinblick auf sein Führungsverständnis und auf die gemeinsamen Herausforderungen, die sich sicherlich stellen würden. »Sie wissen ja, dass ich gerne klettern gehe«, begann er.

> Das ist wahr. Aber ich habe noch nie einen berühmten Gipfel erklommen. Meine Erfahrung beschränkt sich auf Skandinavien, wo das Bergsteigen eher Durchhaltevermögen verlangt als Gleichgewichtsakrobatik und wo sich die Berge mehr harmonisch denn dramatisch erheben, eher faktisch [...] als ausdrucksvoll. Dennoch verstehe ich genug von dieser Sportart, um zu wissen, dass die Fähigkeiten, die sie verlangt, genau dieselben sind, die wir – so glaube ich – heute alle brauchen: nämlich Ausdauer und Geduld, einen festen Halt an den Realitäten, eine sorgfältige, aber einfallsreiche Planung, ein klares Bewusstsein für die Gefahren, aber auch für die Tatsache, dass das Schicksal das ist, was wir daraus machen, und dass der sicherste Kletterer derjenige ist, der niemals seine Fähigkeit anzweifelt, alle Schwierigkeiten zu meistern.[1]

1. »Presseerklärung anlässlich seiner Ankunft auf dem Internationalen Flughafen New York am 9. April 1953« in PP2, Seite 30.

Schicksal ist, was wir daraus machen: eine zutiefst praktische und doch beinahe metaphysische Behauptung. Es war kein flüchtiger Gedanke, er äußerte ihn des Öfteren. Ein Jahr später, vor UN-Pressevertretern, wiederholte er:

> Ausdauer und Geduld – im Zusammenspiel mit dem ruhigen Vertrauen in die Möglichkeit, alle Schwierigkeiten zu meistern, wie es Menschen besitzen, die wissen, dass das Schicksal das ist, was sie daraus machen – sind die im gegenwärtigen schwierigen Zeitpunkt unserer Geschichte die am dringendsten benötigten Eigenschaften.[2]

Die Vorstellung, das Schicksal sei, was wir daraus machen, steht hier in Verbindung mit weiteren Faktoren – besonders mit einer vertrauensvollen Gelassenheit hinsichtlich der Fähigkeit, auch schwierige Probleme lösen zu können. Ein weiteres Jahr später baute Hammarskjöld diesen Gedanken aus, indem er ihn mit einem reifen Geist assoziierte, mit Furchtlosigkeit sowie mit einer Eigenschaft von Selbsterkenntnis, die authentisch werden lässt, wer wir sind und was wir anderen anzubieten haben. Er äußerte ihn 1955 vor Graduierten an der Johns-Hopkins-Universität:

> In der florierenden Literatur über die Lebenskunst wird viel über diese eine seltene Eigenschaft gesprochen: die geistige Reife. Eine solche Reife negativ zu umschreiben, ist einfach. Sie mit positiven Begriffen zu definieren, ist schwierig, obwohl wir alle sie erkennen, wenn wir die Gelegenheit erhalten, Zeugen ihrer Früchte zu werden. Sie zeigt sich in einer Abwesenheit von Angst, in der Anerkennung der Tatsache, dass Schicksal das ist, was wir daraus

2. »Äußerung vor dem Presseklub der Vereinten Nationen, New York, 9. April 1954« in PP2, Seite 279.

> machen. Sie drückt sich darin aus, dass wir nicht versuchen, besser zu sein, als wir sind, oder anders, als wir sind, also in der Anerkennung der Tatsache, dass wir nur dann festen Boden unter den Füßen haben, wenn wir akzeptieren, unseren Mitmenschen nicht mehr und nicht weniger zu geben, als das, was wirklich unser ist.[3]

Weshalb stoßen diese einfachen Worte, »Schicksal ist, was wir daraus machen«, auf eine derartige Resonanz? Irgendwie spüren wir, dass sie stimmen. Die Worte haben Wirkung. Sie rufen uns auf, Verantwortung zu übernehmen, und erlauben keine selbstrechtfertigende Zuflucht zu Ideologien, Gesellschaftslehren, ökonomischen Theorien oder religiösen Bekenntnissen, die unsere Verantwortung für das, was geschieht, mindern würden. Sogar im Angesicht von Naturkatastrophen ist Schicksal das, was wir daraus machen. Wir können geschickt sein oder sprachlos; wir können uns »an den Realitäten festhalten« und »sorgfältig, aber einfallsreich planen« oder die Schwierigkeiten noch vergrößern und darin versagen, mutig und gründlich Abhilfe zu schaffen. Hammarskjöld weigerte sich, das Handtuch zu werfen. »Es ist leicht«, sagte er 1958 an der Universität Cambridge in einer seiner eindrucksvollsten Reden, »die Verantwortung auf andere abzuwälzen oder die Erklärung etwa in irgendwelchen historischen Gesetzmäßigkeiten zu vermuten. Weniger einfach ist es, die Gründe in uns selbst zu suchen.«[4]

Aber hier gibt es noch etwas Weiteres, was schwierig zu fassen und zu interpretieren ist. Wenn Schicksal das ist, was wir daraus machen, dann sind wir vor

3. »›Internationaler Dienst‹ – Rede an der Abschlussfeier der Johns Hopkins University, Baltimore, Maryland, 14. Juni 1955« in PP2, Seiten 503–504.

4. »›Die Mauern des Misstrauens‹ – Ansprache an der Cambridge University, England, 5. Juni 1958« in PP4, Seite 92.

allen Dingen allein: wir Menschen auf unserem Planeten, auf dem wir uns entweder umhergetrieben fühlen oder schöpferisch-emsig zuhause. Kein Gott wird eingreifen; unsere Freiheit ist vollkommen. Dennoch ist es wahr, dass Hammarskjöld in seiner eigenen Erfahrung als Krisenmanager mitunter Hilfe, Führung und Vorsehung fand. So wie, wenn wir alles geben, manchmal von irgendwoher Hilfe zu einem guten Ausgang auftauchen mag. Etwas dergleichen schrieb er im Frühling 1956 an einen australischen Kollegen, mit dem er eng zusammenarbeitete, hinsichtlich seiner Bemühungen um befriedete Grenzen im Nahen Osten: »Wie eigenartig doch jenes Gefühl des Schicksals war, das wir damals in jener Region empfanden und das mich bis heute nicht mehr losgelassen hat – ein Schicksal, das das Opfer uneingeschränkter Anstrengung verlangt, das sich einer solchen in gewisser Weise aber auch beugt.«[5]

Der Nahe Osten sollte sich in den 1950er-Jahren als eines von Hammarskjölds allerwichtigsten Anliegen erweisen. Nur wenige Monate nach diesem Rückblick auf sein Empfinden von Schicksalhaftigkeit während der Zeit seines dortigen Arbeitsaufenthalts brach die unglückselige und gefährlich Suezkrise aus. Ihre Ursprünge waren ebenso komplex wie ihre möglichen Folgen, denn sie basierte auf vielfach verstrickten Interessen: der gescheiterten internationalen Finanzierung eines riesigen Infrastrukturprojektes, ägyptischem und britischem Nationalprestige, den historischen Besitzrechten am Suezkanal, der Rolle der Wasserstraße als Großbritanniens traditionellem, schnellem Seeweg zu wichtigen Bodenschätzen und Märkten in Asien – und dem Kalten Krieg. Kurz gesagt: Als der ägyptische Präsident Gamal Abdel Nasser sich im Herbst 1955 um Unterstützung und Waffenlieferungen an den sowjetischen Ostblock wandte, stoppte der Westen die Finanzierung des

5. Aus einem Brief an George Ivan Smith vom 24. Mai 1956, Königliche Bibliothek zu Stockholm (nachfolgend: KB).

Baues des Assuan-Staudamms am Nil. Das war ein Projekt, auf das Nasser sein Ansehen und das seines Landes gestützt hatte. Im Juli 1956 reagierte er mit der Verstaatlichung des Suezkanals, der bis dahin seit Langem von einem Konsortium geführt worden war.

Den Sommer hindurch schienen Verhandlungen, an denen Hammarskjöld maßgeblich beteiligt war, zu einer friedlichen Lösung der schwelenden Krise zu führen. Doch für Großbritannien und Frankreich waren sie bloß ein Deckmantel für ihre erfolgreich verheimlichten tatsächlichen Absichten. Gegen Ende Oktober 1956 marschierten die beiden Länder an der Seite Israels, das mit Ägypten noch eine Rechnung offen hatte, in Ägypten ein mit dem Ziel, die Kontrolle über den Suezkanal zurückzugewinnen und Nasser zu stürzen. Ihre Attacke auf dem Land, zur See und aus der Luft dauerte nur wenige Tage. Die Angreifer hatten das Gefühl des Verrats und die heftige Opposition unterschätzt, die sich unter den ständigen Mitgliedern des UN-Sicherheitsrates und praktisch sämtlichen Mitgliedssaaten sofort erhoben.

In der Vermittlung zwischen den Konfliktparteien waren die Vereinten Nationen stark involviert. Eine Lösung verlangte geballte Diplomatie und großen Einfallsreichtum: nämlich die Schaffung von Friedenstruppen unter UN-Flagge und deren Entsendung zwischen die gegnerischen Streitkräfte. Für diese Erfindung wurde Lester Pearson, ein hervorragender kanadischer Kollege Hammarskjölds, 1957 mit dem Friedensnobelpreis ausgezeichnet. Das Konzept stammte von Pearson, die Umsetzung bewerkstelligte er gemeinsam mit Hammarskjöld und seinem höchst erfahrenen Team, unter dessen Mitgliedern Brian Urquhart einer der bekanntesten war.

Als sich die Krise um die Mitte des Jahres 1957 zu entspannen begann, spürte Hammarskjöld erneut bei verschiedenen Gelegenheiten, dass von irgendwoher Hilfe erwuchs, dass sich die Dinge nicht nur wegen der immensen Anstrengungen von ihm und vielen anderen verbesserten, sondern auch aus weiteren unerfindlichen Gründen. »Unmerklich werden unsere Finger geführt«, notierte er in seinem Tagebuch. Der Fortschritt der Verhandlungen und der Vereinbarungen hatte stark einem bereits entworfenen Bildteppich geglichen, an dem er und seine zahlreichen Kolleginnen und Kollegen woben. »Jemand hatte uns das Weberschiffchen in die Hand gelegt: jemand, der die Fäden bereits gezogen hatte.«[7]

Wie sollen wir dies verstehen? Schicksal ist, was wir daraus machen; um diese nüchterne Wahrheit kommen wir nicht herum. Doch »uneingeschränkte Anstrengung« vermag irgendwann und irgendwie eine derart ordnende und mächtige Hilfe herbeizurufen, dass ein gläubiger Mensch dafür Gott danken würde. Die Frage bleibt letztlich unbeantwortet.

2 Sich ans Amt klammern

»All diese Kompromisse, die wir törichterweise ›unbedeutend‹ nennen«, schrieb Hammarskjöld im Mai 1961 in einem Brief an John Steinbeck über die beinahe unsichtbaren Bestechlichkeiten, die eine wahrhaft dienende Politik unterminieren.[1] Das Thema ist keinesfalls theoretisch. So viele gewählte Beamte in den Vereinigten Staaten – und wer würde bezweifeln, dass es anderswo anders ist – halten, um an der Macht zu bleiben, mit ihren eigentlichen Ansichten, sofern diese ihrem Gewissen und dem Kodex entspringen, hinter dem Berg oder widersprechen ihnen sogar. Es ist, als empfänden sie ein Leben als *ehemaliger* Kongressabgeordneter oder hoher Regierungsbeamter für eine unerträglich unangenehme Per-

7. *Tagebuch,* 1.–7. November 1956.
1. Brief an John Steinbeck vom 20. Mai 1961, KB.

spektive, obwohl sie doch in ihrem Wahlbezirk ganz natürlich respektiert werden und dort prominente Alterspositionen auf sie warten. Wenn jedoch solche Menschen ihren bevorstehenden Ruhestand ankündigen, wird ihr Geist oftmals freier und ihre Zunge lockert sich mit einem Mal. Dann erklären sie offen, was sie als wahr erfahren haben, häufig in einer klaren Sprache, die aus Überzeugung erklingt. Viele von ihnen haben vorher nie freimütig gesprochen. Der Preis der Wahrheit ist also der Rücktritt?

Sich der berauschenden Wirkung hoher Staatsämter bestens bewusst, begrüßte Hammarskjöld einen Austausch zu diesem Thema mit dem schwedischen Autor Pär Lagerkvist (1891–1974), der so wie er selbst ein Mitglied der für die Verleihung des Literaturnobelpreises zuständigen Schwedischen Akademie war. Der aus einer älteren Generation stammende Lagerkvist war ihm ein enger Freund, mit dem er ab und zu korrespondierte. In dem Rahmen entfaltete sich auch eine Diskussion über Macht und Verantwortung. Als Generalsekretär kam es für Hammarskjöld niemals in Frage, seine Ansichten zu kompromittieren, um in der Gunst einer politischen Partei oder eines autoritären Staatsführers zu stehen. Sein Amtseid band ihn an einen anderen Pfad, dem er konsequent folgte. So erklärte er einmal:

> Die Regierungen der UN-Mitgliedsnationen erwarten vom Generalsekretär, dass er, unabhängig und ungeachtet ihrer eigenen Haltungen, seine Verantwortung dafür wahrnimmt, das objektive Element im internationalen Zusammenleben der Völker zu repräsentieren. [...] Manchmal wird er daher den Anliegen einzelner Völker gegen die eine oder die andere Regierung Ausdruck verleihen müssen.[2]

2. Siehe Brian Urquhart: *Hammarskjöld,* New York: Knopf, 1972, Seite 254. Ebenso zitiert in »›Eine internationale unabhängige Verantwortlichkeit‹ aus transkribierten Bemerkungen

Was Hammarskjöld an diesem Thema besonders interessierte, war die Anziehungskraft der Macht; er hatte ein wirksames Gegenmittel im Kopf für den Fall, dass er sich selbst einmal bei einem Ausrutscher ertappen sollte. Im Sommer 1958 schrieb er an seinen Freund:

> Es ist einfacher, Einfluss, Verantwortung und Macht zu akzeptieren, wenn wir uns persönlich frei fühlen und bereit sind, notfalls jederzeit zurückzutreten. Ehrlicherweise muss ich jedoch eines hinzufügen: Im Drama als solchem liegt eine Versuchung. In dem Maße, in dem wir oberflächlich trotz allem versucht sein mögen, uns an einen Posten zu klammern, können wir uns anfreunden mit dem Reiz von Verantwortung und Einfluss. [...] Ein solches Gift ist [...] gefährlich destruktiv und trübt sowohl unsere Sichtweise auf andere als auch unsere Urteilsfähigkeit in unserer Arbeit.[3]

Dies stammt aus Hammarskjölds zweitem Brief zu diesem Thema, nachdem er ein halbes Jahr zuvor die Diskussion darüber mit Lagerkvist begonnen hatte. Was er im ersten über die Arbeit bei den Vereinten Nationen schreibt, lässt sich mit nur geringer Transposition auf jegliche Führungsverantwortung übertragen.

> Das einzigartige, absolut unverdiente Geschenk, das man mir gemacht hat, ist die Möglichkeit, mich auf entscheidende Weise in eines der größten Experimente der Menschheit und dieses Zeitalters einzubringen. Es fühlt sich unglaublich an zu wissen, dass alles, was man, soweit es einem möglich ist, tun kann, um dieses

an einem Treffen internationaler Nichtregierungsorganisationen, London, 19. März 1954« in PP2, Seite 278.

3. Brief an Pär Lagerkvist vom 7. August 1958, KB.

Experiment zur Reife zu bringen, auch wenn es scheitern sollte, doch dazu beiträgt, ein Fundament von etwas zu errichten, das am Ende funktionieren *muss.*

Mit »alles« meine ich große wie auch kleine Dinge: Was die Qualität betrifft, ist in dieser Arbeit nichts bedeutungslos, auch nicht die allerkleinsten Details, denn das Schicksal des Experiments und der Erfolg dieses Vorstoßes in unbekanntes Territorium hängen von der Stärke des schwächsten Punkts in der gesamten Anstrengung ab. Die in jedem Augenblick und angesichts jeder Schwierigkeit erzielbare Genugtuung bedeutet, dass man höchstens in Momenten physischer Müdigkeit ungläubig zurückweicht unter den einzusteckenden Rückschlägen und den Stichen, die ebenso zur tagtäglichen Erfahrung gehören. Nur wenn wir uns von ihnen bedrücken lassen würden, wenn sie uns verbittert machen oder die Stoßrichtung unseres Handelns beeinträchtigen würden, wären sie von Übel. Aber du kannst ganz beruhigt sein; ich werde unser Ziel nicht aus den Augen verlieren.

Ich erachte es als naiv, wenn Leute glauben, eine Stellung wie diese ließe sich nur aus Eitelkeit oder derartigen Motiven heraus halten. Im Licht dessen, was ich dir geschrieben habe, kannst du erkennen, dass ich glücklich bin für jeden Augenblick, in dem mir diese Aufgabe und diese Möglichkeiten anvertraut sind, doch ebenso, dass es einem Verrat gleichkäme, wenn ich dieses Glücksgefühl empfände, ohne bereit zu sein, diesen Posten sofort wieder zu räumen, wenn ich dies als das Richtige für das gesamte Unternehmen empfinden würde.

Auch wäre es ein Verrat, falls mein Wunsch weiterzumachen die Art, wie ich dieses Amt führe, in irgendeiner Weise beeinflussen würde.

> Und hier schließt sich der Kreis: Diejenigen, die meine Motive anzweifeln und sich gleichzeitig mit Seitenhieben über das Erreichte lustig machen, sind Versucher in dem Sinne, als dass sie mit ihrem Misstrauen mir gegenüber richtig lägen, wenn ich mich von ihren Seitenhieben beeinflussen ließe.[4]

Ich denke nicht, dass dieses Thema, wie auch viele weitere, über die wir Hammarskjöld noch werden sprechen hören, in erster Linie eine Frage der Moral ist – also dessen, was man sollte und was man nicht sollte. Es geht weit darüber hinaus. Es wirft uns in das Licht und vielleicht auch in die Finsternis unseres eigenen Nachdenkens, wo echtes und gefühltes Verständnis möglich werden. Dann wissen wir, was als Nächstes zu tun ist.

3 Den Tatsachen ins Auge schauen

Hammarskjöld machte es sich zur Angewohnheit, Konfliktgebiete oder Gegenden, in denen Auseinandersetzungen drohten, aufzusuchen; es war seine Art, »auf dem Boden zu sitzen« und direkt mit den Leuten zu reden. Und oft half dies – zahlreiche Menschen und gesellschaftliche Gruppen vertrauten seinem gesunden politischen Verstand und seiner Unparteilichkeit. Den Tatsachen ins Auge zu sehen, hieß, sich die Tatsachen genauer anschauen zu gehen. Seinem hochgeschätzten Stabschef, Andrew Cordier, schrieb er aus dem Nahen Osten einige Monate vor Ausbruch der Suezkrise: »Wir sind nun mal diejeni-

4. Brief an Pär Lagerkvist vom 31. Januar 1958, KB.

gen, die vor Ort sind, und nun müssen wir uns mit ebenso viel Mut wie Klugheit am Spiel beteiligen. [...] Wenn man ohne zu zögern reingeht, können sich auch in der undurchführbarsten Aufgabe unerwartete Möglichkeiten eröffnen.«[1] Mut und Klugheit – sie gehörten zu seiner Art, den Tatsachen ins Auge zu schauen. Hinzu kamen zwei weitere wichtige Zutaten, an die sich ein enger Kollege Hammarskjölds erinnert: »Er sagte häufiger zu mir, das perfekte Rezept für einen Diplomaten bestehe aus der Kombination von großer Schlauheit und großer Integrität.«[2]

Auch in einer Pressekonferenz Mitte Januar 1959 kam Hammarskjöld im Rahmen eines Kommentars zu Nahostangelegenheiten auf dieses Thema zu sprechen: »Ich habe genügend Vertrauen in den elementaren gesunden Menschenverstand und den grundsätzlich guten Willen der Menschen, um diese ebenfalls zu den politischen Faktoren zu zählen.«[3] Auch das war eine Tatsache – aber wie anstrengend es doch ist, diesen Fakt ins Zentrum dessen zu ziehen, was gerade geschieht. Man bezahlt einen Preis dafür. »Ohne den Mut, den Tatsachen ins Auge zu schauen, lässt sich kein bleibender Erfolg erzielen«, sagte er 1955 zu einer Gruppe Jugendlicher, »genauso wenig wie ohne den Glauben daran, dass die Menschheit ihr Ziel erreichen wird, wenn wir – jeder und jede an seinem oder ihrem Platz – bereit sind, den Preis dafür zu zahlen.«[4] Die Vereinten Nationen sind abhängig vom Faktischen – und von beständigen Idealen –, um voranzukommen. »Keine Institution kann erfolgreich sein«, erklärte er einmal, »wenn sie nicht gezwungen wird, mit den Problemen, den Konflikten und den

1. Brief an Andrew Cordier vom April 1956, KB.

2. Rajeshwar Dayal: *Mission for Hammarskjöld: The Congo Crisis,* Princeton: University Press, 1976, Seite 306.

3. »Pressekonferenz vom 16. Januar 1959«, Archiv der Vereinten Nationen.

4. »Erklärung vor dem Jugendforum der *New York Herald Tribune,* New York, 26. März 1955« in PP2, Seite 466.

Widerwärtigkeiten des echten Lebens zu ringen.«[5] Aus diesem Grund störte es ihn niemals, wenn an großen und kleinen Treffen bei den Vereinten Nationen um Ideen und Interessen gerungen wurde. Ganz im Gegenteil begrüßte er die harte Debatte und die oftmals mühselige Suche nach Lösungen: »Ich glaube, dass das, was sehr viele Leute als ›negative Seiten‹ bezeichnen – das ständige Reden, die Konflikte, der Fluss der Ereignisse, der ungewisse Ausgang und so weiter – keine negativen, sondern positive Seiten sind.«[6] Mit Hindernissen und Verzögerungen muss man rechnen: »Rückschläge bei Versuchen, ein Ideal zu verwirklichen, sind kein Beleg dafür, dass das Ideal falsch ist. [...] Am Beginn großer Veränderungen in menschlichen Gesellschaften muss es zwangsläufig immer ein Stadium [...] der Zerbrechlichkeit oder der scheinbaren Unvereinbarkeit geben.«[7]

In einem durchgehend turbulenten politischen Umfeld – dem scheinbar endlosen Kalten Krieg, der Bedrohung der nuklearen Auslöschung, der periodischen Gewalt im Nahen Osten, dem Prozess der Dekolonialisierung mit seinem Entstehen neuer Nationen von unterschiedlicher Stabilität in Asien und Afrika – brauchte Hammarskjöld ein Verständnis der globalen Tendenzen sowie eine feste persönliche Entschlossenheit. Ebenso schätzte – und benötigte – er so etwas wie eine Art Theorie der menschlichen Entwicklung, die zur Geduld ermutige und zum »Glauben daran, dass die Menschheit ihr Ziel erreichen wird«, wenn wir bereit sind, den Preis zu zahlen,

5. »Rede an einem öffentlichen Treffen der United Nations Association in der Royal Albert Hall, London, 17. Dezember 1953« in PP2, Seite 203.

6. »Abschrift einer Pressekonferenz vom 22. Dezember 1955 in New York« in PP2, Seite 631.

7. »Rede über Menschenrechte und Friedensarbeit anlässlich des Abendessens zum fünfzigjährigen Bestehen des American Jewish Committee, New York, 10. April 1957« in PP3, Seiten 554–555, wo er zitiert aus: ARTHUR WALEY: *The Way and Its Power,* London: George Allen and Unwin, 1934, Seite 90.

den die Wirklichkeit verlangt. Diese Entwicklungstheorie leitete er aus den Schriften von Henri Bergson (1859–1941) ab, dem französischen Philosophen, den er früh in seinem Leben gelesen und nie mehr vergessen hatte. Bergsons Konzept von der »schöpferischen Evolution«, eines fehleranfälligen und dennoch echten Strömens menschlicher Angelegenheiten in Richtung eines besseren Zustandes, liegt dem zugrunde, was Hammarskjöld vor einem anderen Jahrgang von Graduierten sagte: »Für eine friedliche und konstruktive Entwicklung [...] hin zu Freiheit und Gleichberechtigung in der Welt ist nichts wichtiger, als die Gesetzmäßigkeiten des natürlichen Wachstums zu respektieren und den notwendigen Wandel zu leiten und zu fördern ohne Ungeduld hinsichtlich von Resultaten, die man über Nacht erwartet.«[8]

Eine schöne Vision, doch Hammarskjöld warnte auch vor schönen Visionen, die über dem Boden der Tatsachen schweben. In seiner Botschaft zum Jahresende 1955 sagte er:

> Eine Menschheit, die in friedlichem Wettbewerb vereint ist, frei von Angst und frei von Mangel, eine Menschheit, in welcher der Einzelne seine richtige Stellung wahrhaft einnimmt – dieser wundervolle Traum stellt uns vor hohe Anforderungen. Er mag große Opfer verlangen, doch verdient er unsere tiefste Loyalität. [...] Ohne unsere uneingeschränkte Hingabe wird er ein Traum bleiben, dem die Substanz fehlt. Wenn wir uns darüber nicht im Klaren sind, kann er uns sogar blind machen für die Wirklichkeit – und zu einer Gefahr werden, obwohl er doch eine Kraftquelle sein sollte.[9]

8. »Aus einer Rede an der Abschlussfeier der University of Pennsylvania, Philadelphia, 13. Februar 1954« in PP2, Seite 258.

9. »Jahresendansprache des Generalsekretärs, 22. Dezember 1955«, Archiv der Vereinten Nationen.

Eine weitere Zutat ist es noch wert, betrachtet zu werden, eine gewisse moralische Klarsicht, die es ihm erlaubte, Menschen und Ereignisse als das zu erkennen, was sie waren. Über das, was er sah, konnte er entsetzt sein; doch er war auch humorvoll und implizit versöhnlich. »Was ich dir gerne alles erzählen würde, ist endlos viel«, schrieb er 1954 an einen engen Freund und ehemaligen Kollegen im schwedischen Auswärtigen Dienst.

> Die Erfahrung [bei den Vereinten Nationen] bleibt weiter außergewöhnlich, doch ist sie nicht wirklich dazu geneigt, meine Wertschätzung für die Motive zu erhöhen, welche die Leute in der Politik antreibt: Eitelkeit, persönliche Interessen und Einstellungen in der Art von »Wenn du mir hilfst, helfe ich dir« in Kombination mit einer traurigen Abneigung, über die nächsten paar Monate hinauszublicken. Das Resultat ist eigenartig. Ich glaube, es könnte einen ziemlich zynisch werden lassen, doch die psychologische Auswirkung auf mich und meine hochgeschätzten engsten Freunde im Sekretariat scheint das genaue Gegenteil zu sein.[10]

Freundschaft und Vertrauen waren von enormer Bedeutung. Wie er gegenüber einem Freund aus der Schwedischen Akademie bemerkte, hatte er Kollegen und Freunde, auf die er zählen konnte:

> Gott weiß, ich sehe mehr von »der Welt« und von den Menschen – und an ungebührlichem menschlichem Verhalten »mit heruntergelassenen Hosen« – als möglicherweise irgendein anderer, aber als Erfahrung hat dies nur dann Substanz und Perspektive, wenn es einem gelingt, eine solide Basis an menschlichen Kontakten zu pflegen, die es einem gestatten, die Tiefen und Weiten auszuloten.[11]

Als die Suezkrise sich im Herbst 1956 und im Winter 1957 verschärfte, schrieb er eine Notiz an einen anderen schwedischen Freund: »Die vielleicht stärkste Erfahrung, die ich gemacht habe, war der moralische Schock angesichts des Gemischs aus stümperhafter Arbeit und Unaufrichtigkeit von Männern, die von Völkern zu ihren Führern gewählt worden waren.«[12] Einige Monate später, die Suezkrise stand noch immer im Rampenlicht, blickte Hammarskjöld resümierend auf seine Erfahrungen in jener langen Zeit zurück. Wiederum an einen schwedischen Freund schrieb er vertraulich:

> Eine Erfahrung aus den letzten Wochen und Monaten ist, dass wir in dieser sogenannt aufblühenden Zivilisation keinerlei Anzeichen eines Untergangs der Kunst der Lüge erkennen können. Die modernen Kommunikationsmedien und die neuartige weltweite Verflechtung von Interessen haben für diejenigen die Paradiestüren aufgestoßen, die mittels *mala-fide*-Worten der bösgläubigen Anmaßung kämpfen, mit Falschdarstellung, gehässigem Gerede, offener Verleumdung und so weiter...
>
> Doch weshalb sollten wir verbittern? Gleichzeitig findet sich auch das Bestehen auf geradlinigen Prinzipen, reinen Tatsachen und einfachen Sachverhalten, und irgendwie glaube ich, dass diese Haltung und deren Resultate, so wie Gras, langlebiger und belastbarer sind als die sterilen Blumen, die gerade in Mode sind. Jedenfalls bin ich stolz, aus der Familie der Gräser abzustammen, und ich bleibe grün trotz all des Herumgetrampels.[13]

10. Brief an Sverker Åström vom Oktober 1954, KB.
11. Brief an Sten Selander vom 6. Januar 1956, KB.
12. Brief an Uno Willers vom 19. Dezember 1956, KB.
13. Brief an Bo Beskow vom 16. März 1957, KB.

Mit Blick auf seine diplomatischen Kolleginnen und Kollegen konnte Hammarskjöld auch geistreich und witzig sein und ihnen durchaus zugeneigt. Gegen Ende der besonders schwierigen Herbstsitzung der Generalversammlung im Jahr 1957 berichtete er in einem Brief an einen jungen schwedischen Diplomaten:

> Du hast völlig recht mit deiner Einschätzung, dass diese Generalversammlung vollkommen neuartig ist. [...] Jeder benimmt sich so, als habe er schwere Kopfschmerzen und befürchte aus diesem Grund, dass irgendjemand zu laut werden könnte. Wir haben genügend Anlass für großen Lärm, doch bei jeder Gelegenheit beginnen die Leute, die Sachen herunterzuspielen. [...] Im großen Ganzen haben die Vereinten Nationen das Bild eines Körpers nach einer selbst zugezogenen Verwundung abgegeben, in dem alle Arten von kleineren Korpuskeln herbeigesaust kommen, um Bazillen abzutransportieren und neutralisierende Enzyme auszuschütten. Ich habe die Selbstheilungsprozesse, zu denen die Vereinten Nationen fähig sind, noch nie zuvor so deutlich zutage treten sehen. Das heißt jedoch nicht, dass wir damit bereits das Ende der Geschichte gesehen hätten.[14]

14. Brief an Per Lind vom 15. November 1957, KB.

4 Kettenreaktionen

Nach seinem Amtsantritt brauchte Hammarskjöld nicht lange, um zu verstehen, dass Kettenreaktionen oder »Kausalketten«, wie er sie häufig nannte, die Welt beherrschen, solange keine versöhnende Intelligenz auf irgendeine Art und Weise eingreift. Eine Aktion verlangt eine Reaktion und diese wiederum eine neue Aktion – unaufhörliche Vergeltungsmaßnahmen zwischen Widersachern, bis etwas Endgültiges geschieht.

Nicht alle Kausalketten sind destruktiv. In einem Bericht an den UN-Sicherheitsrat über eine erfolgreiche Maßnahme im Nahen Osten wagte Hammarskjöld, die Ansicht zu äußern, dass »während wir bis anhin Zeugen von Kettenreaktionen wurden, die zu einer fortgesetzten Verschlechterung der Situation geführt haben, sich uns nun vielleicht die Möglichkeit eröffnet, eine Kette von Reaktionen auszulösen, die in die entgegengesetzte Richtung verläuft.«[1] Doch viele solche Muster waren zu seiner Zeit destruktiv oder drohten, zerstörerisch zu verlaufen. Dafür, wie auch für vieles weitere, war der Nahe Osten ein Lehrstück. Im Frühjahr 1956 schrieb er einem Freund, er sei von seinem »bisher heftigsten Versuch absorbiert, eine dieser Kausalketten zu durchtrennen, die geschmiedet sind aus Furcht und zu Zerstörung führen.«[2] Gegenüber einem anderen Freund sprach er von der Notwendigkeit, »die Kau-

1. »Bericht an den Sicherheitsrat im Anschluss an die Ratsresolution vom 4. April 1956 zur Palästina-Frage, New York, 9. Mai 1956« in PP3, Seite 111.

2. Brief an Sten Selander vom 21. Mai 1956, KB.

salketten aus Angst, Schwerfälligkeit und purer notorischer Dummheit zu durchbrechen.«[3] Seinem Bruder vertraute er einmal an: »Wir haben es lediglich geschafft, einige fatale Kausalketten zu durchtrennen, ohne – mit dem Wenigen, das wir zu beeinflussen vermochten – die Richtung der neuen Entwicklung bestimmen zu können.«[4] Und zu einem engen Freund im schwedischen Auswärtigen Dienst äußerte er sich als religiöser Mensch, der sich in der Literatur weitläufig auskannte, über seine Nahost-Mission, und zwar in den Monaten, bevor die Suezkrise Ereignisse einholte, die noch zuvor vielversprechend erschienen waren:

> Der Auftrag »Naher Osten« war fantastischer, als du es dir hättest vorstellen können. Eine enorme Erfahrung und eine riesige Anstrengung. Unser Herr war sehr gnädig, und was in mehrfacher Hinsicht ein Desaster hätte werden können, erscheint nun – von innen betrachtet – als ein Wunder. Und das Wunder geht weiter! Man fühlt sich eigenartig »behütet«, wenn man sicherlich versucht, alles zu geben, aber doch so viel misslingt. [...] Literarische Assoziationen gab es viele. Manchmal war es, als säße man im Publikum [einer Aufführung] von *Ödipus.* Man sah, wie sie in die Kausalkette verstrickt waren und wieder und wieder falsche Entscheidungen trafen. Man könnte vielleicht sagen, was wir geschafft haben, war, die Kausalität zu durchbrechen, indem wir auf die Bühne gestürzt sind und sie – einen Augenblick lang – gezwungen haben, die Augen zu öffnen! Und dann?[5]

Sie gezwungen haben, die Augen zu öffnen... Für Hammarskjöld ging es in erster Linie um Aufmerk-

3. Brief an Eyvind Johnson vom 24. April 1958, KB.
4. Brief an Bo Hammarskjöld vom 24. Mai 1956, KB.
5. Brief an Leif Belfrage vom 22. Mai 1956, KB.

samkeit. Wenn wir von ihm eine allerwichtigste Sache lernen können, dann, dass Politik und alle komplexen Beziehungen das Licht empathischer und dennoch zurückhaltender, scharfer Aufmerksamkeit verlangen. Achtsamkeit, gewiss, aber so, wie er sie verstand: Selbstbewusstsein, das sich anderen zuwendet, um zu schauen, was sie benötigen, was die Situation braucht, was die Gerechtigkeit verlangt. In der Politik ist das »wer« wichtiger als das »was«: Ereignisse werden von den Persönlichkeiten der Teilnehmer bestimmt. »Der Staatsbeamte im Auswärtigen Dienst muss sich selbst unter striktester Beobachtung halten«, sagte er in seiner letzten formellen öffentlichen Rede im Mai 1961.[6] Das war Hammarskjölds Überzeugung. Ich bezweifle nicht, dass diese Anforderung auch weit darüber hinaus gilt.

Im Mai 1956 war er eingeladen zur Feier des 180. Jahrestages der Grundrechteerklärung in Williamsburg, Virginia, eines Manifests, das der amerikanischen Unabhängigkeitserklärung weniger als einen Monat vorausgegangen war und deren Gedanken und Sprache beeinflusste. Hammarskjöld hatte die politische Geschichte und die Institutionen der Vereinigten Staaten aufmerksam studiert, und so war es keineswegs ein Zufall, dass man ihn bat, die offizielle Ansprache zu halten. Unter Bezug auf die jüngsten Erfahrungen im Nahen Osten äußerte er in eloquenten Worten bemerkenswerte Einsichten und Bedenken, bei denen es um die Metapher – und um die Wirklichkeit – von Kausalketten ging, die zu Zerstörung führen:

> Wir alle kennen das, wenn Menschen von Furcht geleitet Dinge tun, die im Widerspruch stehen zu dem, was andere als ihre zentralen Eigeninteressen verstehen. Wir wissen, wie Men-

6. »›Der Staatsbeamte im Auswärtigen Dienst in Gesetzen und Fakten‹, akademische Vorlesung an der Universität Oxford, 30. Mai 1961« in PP5, Seite 488.

> schen, wenn sie Angst haben, sogar ihrem eigenen eigentlichen Willen zuwiderhandeln. Wir haben gesehen, wie der Lauf der Ereignisse unter dem Einfluss solchen Handelns Aspekte unerbittlicher Schicksalhaftigkeit annehmen kann bis hin zu dem Punkt, an dem aus lauter Überdruss kein Widerstand gegen das Abrutschen in den offenen Konflikt mehr möglich erscheint. Dies ist eine Tragödie, die sich immer aufs Neue wiederholt.[7]

Einmal legte Hammarskjöld seine Karten vor dem französischen Außenminister auf den Tisch, indem er eine seiner komplexeren Methoden zur Unterbrechung und Lösung von Kausalketten beschrieb:

> Ich beginne damit, dass ich das Problem im Namen der Vereinten Nationen anpacke. Dann hüte ich mich davor, allzu schnell eine Lösung vorzuschlagen. Käme eine solche von mir persönlich, würde sie sofort verdächtigt und zurückgewiesen werden. Stattdessen verkompliziere ich die Angelegenheit so weit wie möglich und vervielfache die Sondierungsgespräche. Ich handle wie eine Spinne, die ein Insekt einwickelt, um es unbeweglich zu machen, bevor sie es frisst. Ich spinne meine Fäden so lange um das Problem herum, bis es unsichtbar oder, wenn Sie so wollen, unverständlich geworden ist. Am Ende haben die Menschen dann keine klare Vorstellung mehr davon, was sie zu Gegnern hat werden lassen, und hören auf zu streiten. [...] Nur ist dies leider nicht immer erfolgreich![8]

7. »Ansprache zum 180. Jubiläum der Virginia Declaration of Rights, Williamsburg, 15. Mai 1956« in PP3, Seiten 141–142.

8. In Christian Pineau: *1956 Suez*, Paris: Laffont, 1976, Seite 117.

Lustig. Er muss offensichtlich Spaß daran gehabt haben, seine Geheimmethode zu schildern. Doch es war nur selten einfach, ob im Nahen Osten oder anderenorts. »Postwendende Reaktionen wie bei einem Weberschiffchen«, so drückte er sich einmal aus, stellten ein riesiges Problem dar, damals wie heute.

> Ein Ding erklärt sich durch ein anderes. Eine Reaktion liegt in einer anderen begründet. Und in einer Atmosphäre allgemeinen Misstrauens [...] kann auch eine in ihrer Absicht ziemlich unschuldige Bewegung von der Gegenseite falsch interpretiert werden und, in Worten und Taten, eine Reaktion hervorrufen, die ihrerseits wiederum schärfere Schritte rechtfertigen mag aufseiten der Partei, die den Ball – vielleicht in ebensolcher Unschuld – zuerst gespielt hat. [...] Und schon befinden wir uns wieder in einer Situation, in der wir, wenn möglich, eine Kettenreaktion unterbrechen müssen, weil ich nicht glaube, dass wir die grundsätzliche Atmosphäre über Nacht ändern können. [...] Wie man eine solche Kettenreaktion unterbricht, ist sehr schwierig zu sagen, weil man die Situation tatsächlich auf beiden Seiten in den Griff bekommen muss.[9]

9. »Abschrift einer Pressekonferenz vom 18. Februar 1960 in New York« in PP4, Seiten 543–544.

5 Dialog

Hammarskjöld war an nichts so sehr interessiert wie an Dialog und an dessen formellen Variante, dem Verhandeln. Als Generalsekretär stand dieses im Zentrum seiner Arbeit, und das Summen zielführenden Miteinander-Redens muss sich auf der ganzen Welt erheben, wenn wir unseren Weg darin finden wollen. In seinen Augen ist Dialog keine Alltagskonversation, sondern verlangt ein Mindestmaß an fester Disziplin. 1960 sagte er:

> Ich bin überzeugt, dass [...] Dialog dringend notwendig ist, doch setzt er ein paar Dinge voraus: Objektivität, die Bereitschaft zuzuhören und erhebliche Zurückhaltung. All dies sind menschliche Fähigkeiten, von denen keine besonders außergewöhnlich ist, die es jedoch alle braucht.[1]

Übrigens entsprang seine Wertschätzung des Dialogs teilweise selbst dem Dialog: was das gedruckte Wort anging, mit gewissen Essays von Albert Camus, was das direkte Zwiegespräch betraf, mit Martin Buber, dem älteren israelischen Religionsphilosophen und Sozialisten, mit welchem er eine bemerkenswerte Bekanntschaft entwickelte.

Auch wenn ich nicht genau weiß, was er an Camus besonders schätzte, vermute ich doch, dass ihn dessen

1. »Abschrift einer Pressekonferenz vom 19. Mai 1960 in New York« in PP4, Seite 606, mit expliziter Erwähnung von Albert Camus und Martin Buber.

Essay »Hin zum Dialog«[2] von 1946 sowie dessen öffentlicher Vortrag »Der Ungläubige und die Christen« interessiert haben dürften. Aus Letzterem möchte ich ein paar Zeilen zitieren, weil ich denke, wir sollten nicht allzu lange über Hammarskjöld reden, ohne den Ehrenplatz zu erwähnen, den seine geliebte Literatur in seinem Innenleben einnahm. Eine anspruchsvolle Lektüre war ihm seit seiner Jugend nicht etwa ein Zeitvertreib gewesen, sondern hatte seinen Geist erweitert, sein Denken geschult und ihn gelehrt, seine Erfahrungen zu hinterfragen und aufzuzeichnen. Sein Denken und seine Stimme waren mit denen von Camus eng verwandt. Es besteht eine inoffizielle Gemeinschaft europäischer Schriftstellerinnen und Schriftsteller, die moralische Klarheit, Wissbegierde, sprachlichen Klang und Nüchternheit schätzen: kein einziges Wort zu viel. Hammarskjöld, der sich in der französischen Sprache und Literatur gut auskannte, gehörte zu dieser Gruppe von Autoren und Denkern (und zwar unbeschadet Charles de Gaulles fast schon komisch grober Behandlung sowohl von Hammarskjöld persönlich als auch der Vereinten Nationen als Institution, die ihn amüsierte und kaltließ). Als Ungläubiger vor einem Publikum aus dominikanischen Geistlichen sagte Camus 1948:

> Was ich Ihnen heute sagen möchte, ist, dass die Welt echten Dialog braucht, dass das Gegenteil von Dialog ebenso die Lüge ist wie das Schweigen und dass Dialog daher nur möglich ist zwischen Menschen, die zu dem stehen, was sie sind, und aufrichtig reden.[3]

Von Martin Buber, dem Autor des Klassikers *Ich und Du* und vieler weiterer Schriften zum Thema Dialog,

2. Albert Camus: «Vers le dialogue» in *Actuelles: Écrits politiques,* Paris: Gallimard, 1950, Seiten 143–146.

3. Albert Camus: «L'Incroyant et les chrétiens» in *Actuelles: Écrits politiques,* Band 172.

ließ sich Hammarskjöld auf neue Ideen bringen. Ihm fühlte er sich geistig verbunden. Buber war ihm ein Freund, der für ihn da war und um die Bedeutung von ehrlicher, offener Kommunikation wusste. Einen Freund in der Schwedischen Akademie fragte er:

> Hast du Martin Buber gelesen? In seinem hohen Alter hat dieser chassidische Mystiker einige der reinsten und berührendsten Beschreibungen jener ›Konversion‹ geliefert, in welcher er als einer der altehrwürdigen Propheten die einzige Rettung sieht. »Die einzige Antwort auf Misstrauen heißt Aufrichtigkeit.« »Wir müssen jenes Grundvertrauen schaffen, das in einer Welt, in der wir vergessen haben, wie wir miteinander reden können, allein die menschliche Rede möglich werden lässt.« [...] Als Praktiker auf dem gefährlichen Feld der internationalen Politik, kann ich nur bestätigen, wie recht er hat.[4]

Hammarskjöld hatte sich dem Dialog verschrieben; er praktizierte jene menschlichen Eigenschaften, die »nicht besonders auffallend, aber umso dringender sind.« Dafür wurde er von seinen Kollegen hoch angesehen:

> Hammarskjölds Umgang mit der Presse bestand in einer ungewöhnlichen Kombination aus der Sprache und dem Ansatz des verständlichen und vorsichtigen Diplomaten mit einer tief philosophischen Hingabe an den ernsthaften Dialog und das Verstehen des Gegenübers.[5]

Doch noch immer herrschte der Kalte Krieg, was sich auch für weitere Jahrzehnte nicht ändern sollte, und

4. Brief an Eyvind Johnson vom 24. April 1958, KB.
5. »Einführung in die Auszüge von Abschriften von Mai bis Juni 1953« in PP2, Seite 37.

dieser war nicht der einzige Grund dafür, dass die Staatsführer und ihre Diplomaten aneinander vorbeiredeten und vor ihrem heimischen Publikum posierten. In seiner Einschätzung im März 1960 war Hammarskjöld nicht zuversichtlich:

> Uns fehlt es bedauerlicherweise im Allgemeinen an der Kunst des Dialogs, auf dem politischen Parkett genauso wie abseits davon. Wir unternehmen alle möglichen Versuche, und ob sie erfolgreich sein werden oder nicht, hängt sehr stark von der Gesinnung ab. Was dies betrifft, sind meine Ansichten bis jetzt noch nicht optimistischer geworden.[6]

Sei's drum. Er hatte sich nicht für einen sorgenfreien Job beworben. Und der Dialog sollte sich gezwungenermaßen in seiner intensivsten und formellsten Form fortsetzen: in Verhandlungen.

6 Verhandeln I

Wachheit, Einfühlungsvermögen und Strategie

Für Hammarskjöld war das Verhandeln, wie er es einmal ausdrückte, »nichts Unmoralisches, sondern eine verantwortungsvolle und vernünftige Aktivität – ein Prozess des Erarbeitens eines beidseitig befriedigenden Arrangements mit jemandem, mit dem ich leben musste. Mit jemandem zu verhandeln, hieß für mich niemals, dass ich ihn mögen oder ihm zustimmen musste, und noch viel weniger, dass ich

6. »Abschrift einer Pressekonferenz vom 24. März 1960 in New York« in PP4, Seite 558.

bereit gewesen wäre, meine Prinzipien zu verraten.«[1] In Hammarskjölds Praxis lässt sich das Thema des Verhandelns aus zwei Richtungen betrachten: aus der Perspektive von Prozess und Strategie und aus dem inneren Blickwinkel seiner Wertvorstellungen. Weil ich beide Aspekte für wichtig erachte, wollen wir sie uns einzeln anschauen.

Im Spätherbst 1955 notierte er sich in seinem Tagebuch eine Art Leitfaden für Unterhändler. Er tat dies für seine eigenen Zwecke, nicht für die Öffentlichkeit, wahrscheinlich an einem Wendepunkt, als er das Bedürfnis verspürte, Bilanz zu ziehen:

- Es ist wichtiger, dir über deine eigenen Beweggründe im Klaren zu sein, als die Motive des anderen zu verstehen.

- Die »Mimik« des anderen ist wichtiger als deine eigene.

- Falls du gleichzeitig etwas für dich selbst zu gewinnen versuchst, während du die Sache eines anderen vertrittst, darfst du nicht erwarten, erfolgreich zu sein.

- Eine dauerhafte Lösung für einen Konflikt zu finden, kannst du nur dann erhoffen, wenn du gelernt hast, den anderen objektiv zu betrachten und gleichzeitig seine Schwierigkeiten subjektiv nachzuempfinden.

- Wer andere Menschen »mag«, ist im Vorteil gegenüber demjenigen, der sie verachtet.

- Jegliche Erfahrung aus erster Hand ist wertvoll, und wer aufhört, danach zu suchen, wird

1. In Joseph P. Lash: *Dag Hammarskjöld: Custodian of the Brush-Fire Peace,* Garden City, NY: Doubleday, 1961, Seite 148.

eines Tages finden – dass ihm genau das fehlt, was er bräuchte. Unbeweglichkeit ist eine Schwäche, und wer sich anderen Menschen, einem Gemälde oder einem Gedicht nähert ohne den jugendlichen Ehrgeiz, eine neue Sprache zu erlernen und dadurch Zugang zu erhalten zur Lebensperspektive eines anderen, der sollte sich in Acht nehmen.

- Nur eine kompromisslose »Redlichkeit« gelangt zum Grund der Anständigkeit, die zu finden, du immer erwarten solltest, sogar unter dicken Schichten von Bosheit.

- Flexibilität darf nicht gleichbedeutend sein mit der Angst, in die Offensive zu gehen.

- Den Anschein von Einfluss erkaufst du dir auf Kosten von seiner Wirklichkeit.[2]

Vieles davon spricht für sich selbst; aber einer dieser Punkte, der später zu einer von Hammarskjölds bezeichnendsten Einsichten führen sollte, müssen wir uns etwas genauer anschauen: »Eine dauerhafte Lösung für einen Konflikt zu finden, kannst du nur dann erhoffen, wenn du gelernt hast, den anderen objektiv zu betrachten und gleichzeitig seine Schwierigkeiten subjektiv nachzuempfinden.« Darin findet sich ein bedenkenswerter Schlüssel zu dem ausgewogenen Ansatz, mit dem er an Verhandlungen heranging. Eine Ausgewogenheit von Empathie und Zurückhaltung, in seinen reiferen Jahren unterstützt von seinem Bestreben, »sich selbst unter striktester Beobachtung zu halten«, wie wir ihn haben sagen hören – das war sein Weg.

Im Frühwinter 1958 stellte ein Reporter der internen Sekretariatszeitung Hammarskjöld eine Frage, die man vorher noch nie an ihn herangetragen hatte.

2. *Tagebuch,* 19./20. November 1955.

Dieser war selbst überrascht von seiner spontanen Antwort, die widerhallen lässt und vertieft, was wir hier erörtern.

> *Reporter:* Eine letzte Frage, Herr Hammarskjöld. Welches sind Ihrer Meinung nach die Haupteigenschaften, über die ein internationaler Beamter verfügen sollte?
>
> *Hammarskjöld:* Es ist schwierig, dies aus dem Stegreif zu beantworten. Ich müsste darüber erst einmal nachdenken. Spontan würde ich jedoch sagen, dass zu diesen Eigenschaften eine erhöhte Wachheit in Kombination mit einer inneren Ruhe gehören. Auch eine gewisse Demut, die einem hilft, die Dinge durch die Augen des anderen zu betrachten und dessen Standpunkt nachzuvollziehen, ohne sich selbst zu verlieren, ohne zu einem Chamäleon zu werden, falls Sie verstehen, was ich meine.[3]

Ein paar Tage nach diesem Gespräch berichtete Hammarskjöld davon – sein Zögern war mittlerweile gewichen – in einem Schreiben an einen seiner Freunde bei der Schwedischen Akademie:

> Kürzlich hat mich ein Journalist veranlasst, meine Ansichten darüber zu formulieren, was die Hauptanforderungen an jemanden seien, der zur Förderung von Frieden und Vernunft beitragen möchte. Ich fand keine besseren Worte als diese: »Er muss seine Wachheit bis zum Äußersten steigern, ohne seine innere Ruhe zu verlieren; er muss in der Lage sein, mit den Augen der anderen aus deren Persönlich-

3. *Secretariat News*, 14. Februar 1958, Seiten 3–4, Archiv der Vereinten Nationen.

4. Brief an Eyvind Johnson vom 31. Januar 1958, KB. Geschrieben kurz nach dem Interview (siehe Fußnote 3), aber vor dessen Veröffentlichung.

> keit hinaus zu schauen, ohne seine eigene aufzugeben.«[4]

Die Betonung von Wachheit und innerer Ruhe belegt, falls dies eines Beweises bedurfte, dass Hammarskjöld wahrscheinlich der erste westliche Politiker war, der Achtsamkeit praktizierte und dieser, ohne viel Tamtam oder Trara, einen wichtigen Platz einräumte. Er sprach nur äußerst selten darüber; hier, weil man ihm eine wichtige Frage gestellt hatte und er nicht umhinkonnte, aus seinem Herzen heraus zu antworten. Diese Methode hatte er sich ohne nennenswerte Hilfe von anderen angeeignet – und verdient. Irgendwie war er dafür geboren, obwohl er seine Quellen hatte: die mittelalterlichen mystischen und sittlichen Schriften Meister Eckharts, Thomas' von Kempen und Jan van Ruysbroecks, die er während seiner Jahre bei den Vereinten Nationen las. Diese Lektüre passte zu seiner Erfahrung des Schweigens, der Stille und der in gewissem Sinne ewigen Gegenwart des hohen Nordens Skandinaviens, wo er als junger Mann so gerne gewandert und berggestiegen war. Jene Eindrücke der Wildnis hatten ihn so tief berührt, dass er mehr als nur deren Spuren für immer in sich trug.

Ich glaube keine Sekunde lang, dass wir aus Hammarskjölds Verständnis politischer Beziehungen eine neue Orthodoxie ableiten sollten nach dem Motto: *So* muss man sich verhalten und nicht anders; sei ein Hammarskjöld oder vergiss es. Die Welt und das Mögliche sind größer als das. Dennoch können wir von ihm einiges lernen. In dieser Sache etwa einen neuen Respekt für das Gegenüber, für den momentanen Widersacher. Einen Respekt, der uns zu guten Zuhörern macht und uns auf die Worte und Gesten achten lässt, welche einen Konflikt zu einem gerechten Kompromiss ausbalancieren können. Von Zeit zu Zeit sprach er über diese Eigenschaft des Respekts, zum Beispiel 1958 in seiner Rede anlässlich der Verleihung der Ehrendoktorwürde an der Universität Cambridge:

> Der Konflikt zwischen unterschiedlichen Auffassungen über die Freiheit des Menschen und des Geistes oder zwischen andersartigen Ansichten zur Menschenwürde und zu den Rechten des Individuums dauert an. Die Trennlinie verläuft durch uns selbst, durch unsere beiden Völker und durch andere Nationen. Sie verläuft keinen politischen oder geografischen Grenzen entlang. Der Kampf ist letzten Endes einer zwischen der Menschlichkeit und der Unmenschlichkeit. Wir bewegen uns auf gefährlichem Grund, wenn wir glauben, irgendein Mensch, irgendeine Nation oder irgendeine Ideologie besitze ein Monopol in Bezug auf Rechtmäßigkeit, Freiheit und Menschenwürde.
>
> Wenn wir das klar anerkennen und diese Einsicht in unser Reden und Handeln übertragen, wird es uns vielleicht auch gelingen, den Kontakt zwischen den Menschen und die Kommunikation über geografische und politische Grenzen hinweg wiederherzustellen und eine öffentliche Debatte zu verlassen, die häufig mehr vom Wunsch, Eindruck zu machen, motiviert zu sein scheint statt vom Willen, zu verstehen und verstanden zu werden.[5]

Wenn wir uns nun den Aspekten von Prozess und Strategie in Hammarskjölds Verständnis von Verhandlung zuwenden, beginnen wir am besten mit einer beiläufigen, aber aufschlussreichen Bemerkung, die er im Frühjahr 1959 gegenüber einem alten Freund äußerte und worin er andeutet, dass man das Ver-

5. »›Die Mauern des Misstrauens‹, Ansprache an der Cambridge University, England, 5. Juni 1958« in PP4, Seiten 91–92.

6. Brief an Sir Dennis Robertson vom 19. Januar 1959, KB.

handeln nicht bloß als eine mit Kniffligkeiten vollgestopfte »Blackbox« verstehen sollte:

> Auf meiner letzten Reise [in den Nahen Osten] habe ich erneut die Erfahrung gemacht, wie wichtig ein wohlmeinender, aber kritischer gesunder Menschenverstand ist, um einige unserer Freunde vor Unheil zu bewahren. Der Jammer dabei: Es wäre so einfach, einige der Konflikte im Keim zu ersticken, wenn man es nur schaffte, die einfachsten Dinge so auszudrücken, dass sie hängen bleiben.[6]

Die Idee von der Suche nach Gemeinsamkeiten als dem Ziel der meisten Verhandlungen lag Hammarskjölds Denken nie fern. Eines von vielen anschaulichen Beispielen dafür liefert eine Pressekonferenz im Jahr 1954 im Zusammenhang mit einem Streit um Wasserrechte im Nahen Osten. Er sprach davon, »eine Auslegeordnung zu erarbeiten, um zu schauen, ob sich irgendwelche Gemeinsamkeiten finden lassen, auf deren Basis Maßnahmen des [UN-]Sekretariats angezeigt und klug wären.« Ein Journalist fragte: »Gemeinsamkeiten zwischen wem?« Hammarskjöld antwortete:

> Gemeinsamkeiten zwischen denen, deren diesbezüglichen Interessen in einem gewissen Einklang stehen. [...] Beispielsweise kann es gut möglich sein, dass es Punkte gibt [...], bei denen ein israelisches Interesse und ein arabisches Interesse aufgrund einer Entwicklung deckungsgleich sind, weil es den Plänen beider Seiten entspricht. Wenn dem so ist, [...] wäre es offensichtlich widersinnig, sich nicht daranzumachen, zumindest diesen einen Schritt voranzukommen.[7]

7. »Abschrift eines Presse-Hintergrundgesprächs vom 20. April 1954 in New York« in PP2, Seite 290.

Eine etwas vorsichtige Wortwahl, was aber nicht überrascht: Schließlich mühen sich Verhandlungen im Nahen Osten bis zum heutigen Tag mit hartnäckigen Problemen ab, vor die er sich bereits in der Mitte der 1950er-Jahre gestellt sah.

Im April 1958, zu Beginn seiner zweiten Amtszeit als Generalsekretär, teilte Hammarskjöld einige seiner Gedanken einem Reporter mit. »Bei der Verhandlung von schwierigen Problemen hält er sich an drei Regeln«, schrieb dieser anschließend. »(1) Lass eine Situation sich nicht festfahren. (2) Versuche es in Bereichen, in denen die Möglichkeit einer Übereinkunft besteht. (3) Lass dich nicht ablenken von der Befürchtung, das Gegenüber habe noch irgendwelche Karten im Ärmel.«[8]

Diese Aspekte des Trügerischen in Verhandlungen erlebte Hammarskjöld nicht zuletzt in seiner Beziehung zu David Ben-Gurion, dem altgedienten israelischen Premierminister, mit dem er eine starke Geistesverwandtschaft verspürte, die von der Politik Ben-Gurions häufig strapaziert wurde. Dieser befürchtete, Hammarskjöld sei zu nachsichtig in seinen Verhandlungen mit dem ägyptischen Präsidenten Gamal Abdel Nasser. Ende Juli 1956 schrieb Hammarskjöld an Ben-Gurion:

> Glauben Sie bitte nicht, ich würde es zulassen, von *irgendjemandem* über den Tisch gezogen zu werden, sondern seien Sie sich vielmehr im Klaren darüber, dass ich nicht arbeiten kann auf Basis der Vermutung, andere könnten mit mir ein falsches Spiel treiben, auch wenn dies deren eigene Interessen zuwiderliefe. Wenn ich be-

8. In Thomas J. Hamilton: "Hammarskjöld's View of His U.N. Role Today [...]" [»Hammarskjölds Ansichten zu seiner heutigen Rolle am Beginn seiner zweiten Amtszeit als UN-Generalsekretär: Er hofft, als Mediator weiterzumachen, und nutzt die altbewährte Diplomatie«] in *The New York Times* vom 13. April 1958.

> fürchten würde, dermaßen hereingelegt zu werden, hieße das, dass ich mich selbst hereinlege. Dann könnte ich genauso gut alle Anstrengungen einstellen und damit die Chance vertun, das Richtige – wie unbedeutend es auch immer sein mag – zu erreichen, weil ich stets befürchten müsste, dass etwas Wertloses dabei herauskäme.[9]

Es ist eine traurige Ironie, dass sich damals tatsächlich etwas Trügerisches anbahnte, wie wir bereits gesehen haben: nämlich die Verschwörung zwischen Großbritannien, Frankreich und Israel zur Wiedererlangung der Kontrolle über den Suezkanal und zum Sturz Nassers. Hammarskjöld pflegte gute Beziehungen sowohl zu Ben-Gurion, dem kompromisslosen Intellektuellen, den es zur Philosophie und religiösen Ideen hinzog, als auch zu Nasser, dem ausgebildeten Militär und Mann des Volkes. Mit beiden konnte Hammarskjöld erfolgreich umgehen: eine Mindestvoraussetzung für Verhandlungen über äußerst schwierige Themen. Verhandlungsführer auf diesem Niveau spürten, dass er ihr Vertrauen niemals missbrauchen würde, obwohl er zu allen Gesprächen seinen »wohlmeinenden, aber kritischen gesunden Menschenverstand« mitbrachte. Einige hingegen versuchten gelegentlich, *sein* Vertrauen zu missbrauchen. Er arbeitete in gefährlichen Gegenden und er kannte die Risiken.

Soweit es ihm möglich war, bewahrte Hammarskjöld eine leichte Hand. Und das war wichtiger, als es scheinen mag. Eine passende Metapher dazu bot er in einer Pressekonferenz im Winter 1954 an: »Ein guter Autofahrer bewegt das Lenkrad nur wenig, um im kritischen Moment die Richtung zu halten. [...] Es geht darum, hellwach zu bleiben und [...] uns auf die Weise zu Wort zu melden, die uns angemessen erscheint, und das Lenkrad nur soweit zu bewegen,

9. Brief an David Ben-Gurion vom 31. Juli 1956, KB.

dass es hilft, den Wagen auf der Straße zu halten.«[10] Sein Vergleich spiegelt die äußere Seite eines tiefen politischen Instinkts. Dieser hatte auch eine Innenseite. »In vielen Angelegenheiten«, notierte er 1955, »lässt sich etwas äußerst Ernstes nur in heiteren, amüsanten und unvoreingenommenen Worten ausdrücken, so, wie wir es von jemandem erwarten würden, der – obschon ihm alles Menschliche zutiefst am Herzen liegt – nichts zu gewinnen oder zu verteidigen sucht.«[11] In der Einleitung haben wir uns gefragt, was Hammarskjöld wohl gemeint haben mag, als es davon sprach, »geistig frei« zu sein. Hier finden wir einen Hinweis.

Tatsächlich scheinen wir an einem Lenkrad zu drehen: Die Probleme rotieren um uns herum, wir halten nur an, um das Dringlichste und Nützlichste zu prüfen. Dazu zählt eine althergebrachte Tugend: Geduld. So sehr während Hammarskjölds Amtszeit als Generalsekretär in ernsten Situationen entschiedenes und schnelles Handeln gefordert war, so häufig sprach er vom langsamen, geduldigen Arbeiten am Verhandlungstisch und am Erzielen von Übereinstimmung: »Ungeduld ist ein nützlicher Stachelstock, aber ein sehr schlechter Wegweiser. Es gibt Zeiten, in denen Abwarten eine politische Weisheit im besten Sinne ist.«[12] Bei anderer Gelegenheit sagte er: »Die Tatsache, dass bis zu einer Einigung vielleicht ein langer Weg vor uns liegt, sollte uns in unseren derzeitigen Anstrengungen in keiner Weise entmutigen – und tut dies auch nicht; auch sollte sie von keiner Seite als Vorwand herangezogen werden, nicht mit uns zusammenzuarbeiten.«[13] Oder auch: »Die

10. »Abschrift eines Presse-Hintergrundgesprächs vom 10. Februar 1954 in New York« in PP2, Seite 225.

11. *Tagebuch,* 25. Dezember 1955.

12. »Rede an einem öffentlichen Treffen der United Nations Association in der Royal Albert Hall, London, 17. Dezember 1953« in PP2, Seite 205.

13. »Abschrift einer Pressekonferenz vom 7. Juni 1956 in New York« in PP3, Seite 132.

Karten nur aus dem Grund hinzuschmeißen, weil wir nicht das Perfekte erreicht haben, scheint mir [...] eine höchst unweise und ungeduldige Politik.«[14]

Auf seinen Missionsreisen fand er häufig gute Analogien vor Ort. In Indien äußerte er gegenüber dem Pressekorps: »Wenn der Elefant in die richtige Richtung läuft und läuft, sollten wir nicht ungeduldig werden. Auch wenn er nicht allzu schnell unterwegs ist, werden wir unser Ziel mit Sicherheit erreichen.«[15] Im Nahen Osten mit seiner reichen antiken Steinarchitektur fand er eine ähnlich passende Beschreibung von Prozess: »Dieser besondere Auftrag hat ein bisschen etwas vom Bau eines Bogens. Ich denke, ich habe nun dem ersten Stein einen zweiten hinzugefügt, und dieser ist genauso gut wie der erste. Doch wie Sie wissen, ist beim Bogenbau die Konstruktion unstabil, bis alle Steine eingepasst sind.«[16] Ein sinnreiches Bild fand er auch für die Rechtfertigung von Verhandlungspausen:

> Wenn man eine Suppe zubereitet, gehört es mitunter zum Kochvorgang, den Topf zwischendurch vom Feuer zu nehmen. Auch auf unserem Feld kann dies manchmal der Fall sein. Es gibt Zeiten, in denen man den Zweck der Verhandlungen dadurch voranbringt, dass man nicht permanent am Tisch zusammensitzt. [...] Wenn es zu schweigsamen Pausen kommt, kann auch ein solcher Unterbruch zu einer Erweiterung der Perspektive führen, zu größerer Ruhe und geringerer Hitzigkeit, und dadurch dem Verhandlungsziel förderlich sein.[17]

14. »Abschrift einer Pressekonferenz vom 24. Juli 1956 in Genf« in PP3, Seite 180.

15. In Emery Kelen: *Hammarskjöld*, New York: Putnam, 1966, Seite 130.

16. In Brian Urquhart: *Hammarskjöld*, Seite 145.

17. »Abschrift einer Pressekonferenz vom 19. April 1955 in New York« in PP2, Seite 479.

Wie mir ein Mentor einmal sagte, ist es wichtig, die Dinge interessant zu halten. Hammarskjölds Analogien waren interessant.

Die Suppe ab und zu vom Herd zu nehmen, versinnbildlicht auch einen weiteren von Hammarskjölds Verhandlungsansätzen: die leise (köchelnde) Diplomatie.

> Bei den Vereinten Nationen kennt man diese Praxis der vertraulichen – oder stillen – Diplomatie seit jeher. [...] Doch weshalb sie notwendig ist, wird nur unzureichend verstanden. Die besten Resultate in Verhandlungen zwischen zwei Parteien lassen sich im internationalen Rahmen, ebenso wie in unserem Privatleben, nicht erzielen im grellen Scheinwerferlicht der öffentlichen Debatte, die geprägt ist von all den Winkelzügen und unvermeidlichen Missverständnissen, dem unumgänglichen Beharren auf Positionen aufgrund von Prestigedenken und der Versuchung, sich die öffentliche Meinung als Verhandlungselement nutzbar zu machen.[18]

Und so bestand Hammarskjöld auch im größten Forum für offene, multilaterale Verhandlungen, das die Welt jemals gesehen hat, auf Vertraulichkeit dort, wo sie nützlich war. In seinen delikaten und schleppenden Verhandlungen mit der Volksrepublik China im Jahr 1955 über die Freilassung einer Gruppe von US-amerikanischen Fliegern, die der Spionage bezichtigt wurden, wehrte er Presseanfragen mithilfe interessanter Vergleiche ab:

> Der Beginn von Gesprächen dieser Art ist ein recht zartes Pflänzchen, und in einem starken

18. »›Das Element der Vertraulichkeit in der Friedensstiftung‹, Ansprache an der Universität von Ohio, Athens, vom 5. Februar 1958« in PP4, Seite 27.

> Windstoß heftiger emotionaler Reaktionen, der die geschaffene Grundlage auf die eine andere Weise sozusagen verwüsten – wenn also eine der beiden Seiten ein propagandistisches Element einführen – würde, fände es die andere [Verhandlungspartei] verständlicherweise ziemlich schwierig weiterzumachen.[19]

Hammarskjöld kannte die Unterschiede zwischen öffentlichen und vertraulichen Verhandlungen, zwischen öffentlicher und privater Meinung sehr genau. Ab und zu findet sich in seinen offiziellen Verlautbarungen mehr als nur ein Hinweis auf die »tragische Bedeutung des Lebens«. So hatte es der spanische Philosoph, Schriftsteller und Bildungsreformer Miguel de Unamuno (1864–1936) formuliert, der zur selben Gemeinschaft von Denkern zählt, der auch Hammarskjöld angehört. Man bedenke allein das Folgende, was Hammarskjöld in seiner programmatischen Rede am Jahrestreffen der Gouverneure der US-Bundesstaaten 1958 sagte. Es zeugt von seiner Vision eines ausgeglichenen Lebens, das aber nur allzu leicht ins Tragische abzugleiten droht. (Ich muss hinzufügen, dass viele politische Führungsfiguren in den USA Hammarskjöld sehr zugetan waren, wie übrigens auch eine ganze Generation hervorragender amerikanischer Journalisten – unter anderen Walter Lippmann, James Reston und A.M. Rosenthal. Hammarskjöld leuchtete ihnen ein; sie bewunderten ihn.)

> Es zählt zu den überraschenden Erfahrungen im Amt des Generalsekretärs der Vereinten Nationen, in Gesprächen mit Führungspersönlichkeiten aus vielen Nationen, sowohl politischen als auch geistigen, zu erleben, dass die Ansichten, die Hoffnungen und das Vertrauen, welche diese hinsichtlich Versöhnung ausdrücken,

19. »Abschrift einer Pressekonferenz vom 14. Januar 1955 in New York« in PP2, Seite 448.

> hegen und an den Tag legen, häufig weit über das hinausgehen, was man üblicherweise in der Öffentlichkeit vernimmt. Was macht es so schwierig, diese Grundhaltung in der politischen Richtungsbestimmung stärker zum Tragen zu bringen? Die Gründe kennen wir alle bestens: Sie könnte von der Wählerschaft nicht verstanden werden, oder sie könnte von widerstreitenden Gruppierungen missbraucht werden, oder sie könnte von der Gegenpartei als ein Zeichen der Schwäche falsch ausgelegt werden. Und so geht das Spielchen immer weiter – in Richtung eines unabsehbaren Ausgangs.[20]

Als Antwort auf dieses andauernde Dilemma riet Hammarskjöld dazu, politisch mutig zu sein und auf andere innere Stimmen zu hören: visionäre, kreative, unerschrockene. Einer seiner berühmtesten, bis heute häufig zitierten Aussprüche fängt diesen Gedanken ein: »Gerade, wenn wir auf Nummer sicher gehen wollen, schaffen wir eine Welt höchster Unsicherheit. Wenn wir uns gegen alles absichern wollen, wird das Unglück zu unserem Verhängnis. Nur ›im dunklen Schatten des Mutes‹ kann der Bann gebrochen werden.«[21]

Diese Worte stammen aus dem Jahr 1956, aus seiner Ansprache in Williamsburg, Virginia. Ein Jahr später, in einem Brief an den israelischen Premierminister Ben-Gurion in einem Moment des Stillstands, schrieb er dasselbe in Worten, die mir als ein zeitloser Beitrag erscheinen zu jedwedem möglichen Gespräch über Politik und Gewissen:

> Ich befürchte, dass wir in unseren unablässigen Bestrebungen, unserem gemeinsamen Ziel nä-

20. »Rede am 50. Jahrestreffen der US-Gouverneurskonferenz vom 19. Mai 1958 in Miami, Florida« in PP4, Seite 89.

21. »Ansprache zum 180. Jubiläum der Virginia Declaration of Rights, Williamsburg, 15. Mai 1956« in PP3, Seite 142.

> herzukommen – in Ihrem Fall einem Frieden für Israel, in meinem Fall vielleicht einfach nur Frieden –, möglicherweise in eine Sackgasse geraten sind. [...] Eine solche Situation verlangt einiges an Beherztheit. Tatsächlich scheint es mir eine Situation zu sein, in der jeder von uns versuchen muss, über unsere unmittelbare Aufgabe hinauszugehen, um die höhere Pflicht zu kreativem Handeln zu erfüllen. Sie wissen, dass mein persönliches Vertrauen in Ihre Fähigkeit, was dies betrifft, niemals nachgelassen hat.[22]

Entweder nimmt das Spiel von parteilichen und nationalistischen Interessen seinen Lauf bis zu einem unabsehbaren Ausgang, oder die höhere Pflicht zu kreativem Handeln findet ihren Hebelansatz in Führungspersonen, in die »die Völker« ihr Vertrauen und ihre Hoffnung gesetzt haben.

7 Verhandeln II

Ambiloquenz, Risiko und gute Praxis

Hammarskjöld gab zu, dass er – quasi entgegen seiner Veranlagung – eine bewusste Mehrdeutigkeit gelegentlich zu nutzen wusste. Sie war keines seiner bevorzugten Verhandlungsinstrumente, doch sie hatte ihren Platz. Beobachter in seinem Umfeld konnten sich des Öfteren daran ergötzen. Sie fiel auch Sir Brian Urquhart auf, der seit der Suezkrise zum engeren Kreis um Hammarskjöld gehörte und später dessen erste bedeutende Biografie verfasste:

22. Brief an David Ben-Gurion vom 19. April 1957, KB.

> Er drückte sich äußerst deutlich aus, war bei Bedarf aber auch fähig, erstaunlich unklar zu bleiben – was dem, was er in politischen Dingen tat, einen zarten Hauch des Mysteriösen verlieh, vor allem in späteren Jahren. In Tat und Wahrheit ist dies jedoch ein sehr guter Trick, weil man auf diese Weise Leute mit neuen Ideen genau in dem richtigen Augenblick überraschen kann, wenn sie solche vielleicht herbeisehnen. Das war seine große Stärke in Verhandlungen.[1]

Einem anderen späteren Hammarskjöld-Biografen, der in jenen Jahren als Fernsehproduzent im Informationsbüro der Vereinten Nationen arbeitete, fiel dies ebenfalls auf:

> Viele der mehrdeutigen Resolutionen, die den Sicherheitsrat passierten, waren von Hammarskjöld in seinem typischen, gewundenen und delphischen Stil verfasst worden. Im Fall von heiklen Angelegenheiten haben nur derartige Anträge überhaupt eine Chance auf Zustimmung oder zumindest Stimmenthaltung, denn alles, dem es an »Ambiloquenz« fehlt, wird prompt vom Veto geköpft. [...] Nachdem er solch eine Resolution erst einmal durchgebracht hatte, gewährte deren verschwommene Formulierung ihm einen großen Interpretationsspielraum, in welchem er seine diplomatische Magie ausüben konnte. Jemand hat einmal behauptet, Hammarskjölds Motto hätte lauten sollen: *Per ambigua ad astra* (Über die Mehrdeutigkeit zu den Sternen).[2]

Zumindest im Rückblick erscheint all dies amüsant, und Hammarskjöld war dem Spaß durchaus zugetan.

1. Brian Urquhart: *UN Oral History Collection,* 1984, Seite 20, Archiv der Vereinten Nationen.
2. Emery Kelen: *Hammarskjöld,* Seite 83.

Während der Suezkrise 1956/57 kommentierte er seine Vorgehensweise:

> So sehr ich auch versuche, alle Klippen zu umschiffen, und es vermeide, in dieser allgemeinen Dunkelheit zu sagen, ob die Katze weiß oder schwarz ist, so sehr fürchte ich mich davor, dass jemand eine Fackel dabeihat und das traurige Geheimnis genau in dem Moment lüftet, wenn die Katze gerade versucht, eine Ratte zu erwischen – das heißt, etwas zu unternehmen.[3]

Im engen Kreis seiner Vertrauten gestand er während der Krise: »[die Abmachungen] werden in ihren Feinheiten fast schon metaphysisch. Ich beklage das nicht, denn wenn wir in dieser Operation von Anfang an versucht hätten, konkret zu sein, wäre sie gar nicht erst zustande gekommen.«[4] In einem Gespräch mit einem seiner engsten Arbeitskollegen, Ralph Bunche, dem Friedensnobelpreisträger von 1950, gab er freiheraus zu: »Um die Zeit zu gewinnen, die es braucht, akzeptiere ich einen gewissen Mangel an Klarheit.«[5]

Mehrdeutigkeit birgt Risiken, Verhandlungen bergen Gefahren, und in dringenden Situationen kann nicht alles ganz langsam gelöst werden. Am Ende des ersten Monats der Suezkrise stellte er gegenüber einem vertrauten Journalisten klar, dass er sich gezwungen gefühlt habe, ohne sein gewohntes Maß an Bedachtsamkeit schnell zu handeln: »Im Vakuum, das in der Suezkrise plötzlich entstanden ist, musste ich alles geben, was ich hatte, so unmaßgeblich es auch sein mochte, um über Wasser zu bleiben. Es war eine jener irrationalen und äußerst gefährlichen Situationen, in denen nur etwas auf anderer Ebene genau-

3. In Brian Urquhart: *Hammarskjöld,* Seite 212.

4. Ebenda, Seite 192.

5. In Brian Urquhart: *Ralph Bunche: An American Life,* New York: Norton, 1993, Seiten 269–270.

so Irrationales den Bann brechen kann.«[6] Worauf er hier konkret anspielte, habe ich nie herausgefunden – aber auch nie diesen Kommentar darüber vergessen, wie er eine Krise löste, die zum Ausbruch eines Weltkriegs hätte führen können.

In Verhandlungen ist es zwingend erforderlich, die Hauptpunkte im Kopf zu behalten und seine Aufmerksamkeit nicht zu verlieren. Eine anschauliche »Notiz an mich selbst« in Hammarskjölds Tagebuch erhebt diese Binsenweisheit auf die Stufe eines Mythos oder Epos: »Wer auf dem Schlachtfeld, auf dem Ormozd den Ahriman herausfordert, die Hunde vertreibt, vergeudet seine Zeit.«[7] Ich weiß nicht, weshalb er diese Einsicht vor einer zoroastrischen Kulisse präsentiert in einem Kampf zwischen Ormozd, dem in der traditionellen iranischen Religion höchsten Geist (besser bekannt als Ahura Mazda), und Ahriman, dem zerstörerischen Geist. Er hatte Freunde aller Nationalitäten. Wenn es Zeit und Umstände erlaubten, liebte er kaum etwas so sehr, wie mehr über deren spirituelle Weltanschauungen zu erfahren; das war für ihn eine Erholung, eine Rückkehr, wie kurz auch immer, zu den Grundwahrheiten. Irgendwo daher kam dieser klassische Aphorismus.

Bevor wir uns weiteren Aspekten von Hammarskjölds Denken und Arbeitsweise zuwenden, möchte ich dieses Kapitel mit einem etwas längeren Auszug aus einer Rede abschließen, die er am Hauptsitz der Vereinten Nationen in New York vor einer Gruppe amerikanischer Highschool-Studentinnen und -Studenten hielt. Natürlich spricht er über Diplomatie, aber was er sagt, ist nur unschwer für ein weiteres Anwendungsfeld zu übersetzen.

> Kürzlich las ich einige Bemerkungen eines prominenten außenpolitischen Beobachters über

6. Brief an Max Ascoli vom 29. November 1956, KB.
7. *Tagebuch*, 22. April 1956.

die ewigen Gesetzmäßigkeiten der Friedensstiftung. Darin zählte er auf, was er »die Grundlagen guter Verhandlungsführung« nannte: sorgfältige Vorbereitung, Wahrheitsliebe, Genauigkeit, Geduld, Gelassenheit und Demut. Dies sind gute Eigenschaften auf allen Lebenswegen. Sie sind fundamental im Umgang zwischen Nationen ebenso wie innerhalb von Nationen, wo wir für das Schicksal von anderen die Verantwortung zu tragen haben. Es besteht eine weitverbreitete Ansicht, die Diplomatie sei ein Spiel, bei welchem Schlauheit sich auszahle, Moralgesetze irgendwie aufgehoben wären und es löblich sei, seinen Gegner reinzulegen. Ich brauche Ihnen nicht zu sagen, dass diese Auffassung falsch ist. Eine solche Diplomatie mag kurzfristig und beschränkt erfolgreich sein, aber sie wird niemals die Grundlagen schaffen für langfristige Übereinkünfte und Verständigung. Offen gesagt, wie kann irgendjemand glauben, der Weg zu einer gerechten und friedlichen Welt führe über Täuschung und den destruktiven Einsatz von Gewalt? In der internationalen Politik besteht der rechte Weg darin, dass wir mit unserer ganzen Kraft die Interessen verteidigen, die zu vertreten wir berufen sind, jedoch immer auf eine Art und Weise, die die Prinzipien hochhält, die wir in der Welt von morgen verwirklicht sehen wollen. Die Gesetze, die für eine konstruktive Politik gelten, unterscheiden sich nicht von den Gesetzen eines Spiels, das auf Fairplay beruht: Kämpfen Sie für Ihr Team, aber bedenken Sie, dass Ihre heutigen Gegner Ihre gestrigen Freunde waren und auch morgen noch Ihre Freunde sein sollen.[8]

8. »Erklärung vor dem Jugendforum der *New York Herald Tribune,* New York, 26. März 1955« in PP2, Seite 464–465.

Hier hallt ein Echo hin und her – zwischen der Aufklärung und unserer heutigen Zeit –, ganz besonders Immanuel Kants majestätisches Ideal des kategorischen Imperativs, den er 1785 wie folgt formulierte: »Der kategorische Imperativ ist also nur ein einziger, und zwar dieser: Handle nur nach derjenigen Maxime, durch die du zugleich wollen kannst, dass sie ein allgemeines Gesetz werde.«[9] Leserinnen und Leser von Hammarskjölds Tagebuch wissen, dass er Kants Ideen kannte und sich soweit wie möglich an dessen Richtlinien hielt.

8 Die heilende Kraft der Zeit

Ein weitaus leichteres Thema ist die heilende Kraft der Zeit, deren Verständnis uns die Umstände mit Geduld annehmen und mit maßvoller Zuversicht in die Zukunft blicken lässt. Sicherlich ist es ein weiterer Aspekt dessen, was Hammarskjöld mit »geistiger Freiheit« meinte: die Freiheit abzuwarten, die Freiheit, Situationen nahe an sich herankommen zu lassen, ohne vorschnell zu handeln. »Die Zeit an sich ist eine große Heilerin«, sagte er 1954 an einem Treffen in Toronto, »und mit Situationen, die sich einer Lösung zu widersetzen scheinen, kann man so lange leben, bis eines Tages die Entwicklung der menschlichen Verhältnisse eine günstigere Gelegenheit eröffnet.[1] Ein Jahr zuvor, wenige Monate nach seinem Amtsantritt, hatte er das Thema mit beträcht-

9. Immanuel Kant: *Grundlegung zur Metaphysik der Sitten,* in *Werke in sechs Bänden,* Darmstadt: Wissenschaftliche Buchgesellschaft, 2005, Band IV, Seite 51.

1. »Aus der Ansprache am Mittagessen im Empire Club, Toronto, Kanada, 25. Februar 1954«, Seite 265. Die Originalfassung von Hammarskjölds vollständiger Rede findet sich im Internet über die Umleitung chalice.de/dh-1.

licher Schärfe und in einem umfassenderen Bezugsrahmen angesprochen:

> Die Zeit ist [...] eine große Heilerin, und »auf Zeit spielen« ist ein wichtiges Element in der Taktik, die wir in diesen Tagen der Krise, der Angst und der Rückschläge verfolgen müssen. Wir alle tendieren dazu, die Situation, so wie sie sich in irgendeinem Augenblick darstellt, als dauerhaft zu betrachten, und vergessen dabei, dass wir selbst wie auch die Gesellschaften, die wir bilden, dem Gesetz des Wandels unterworfen sind. [...] Konflikte, nicht nur im Leben eines Menschen, sondern auch im Leben von Nationen, werden häufig nicht etwa gelöst, sondern man wächst einfach aus ihnen heraus. Die Geschichte kennt viele Situationen, in denen Menschen gesagt haben – und das tun manche noch heute –, dass sie weder zusammenleben, noch sich länger bekämpfen können, und trotzdem hat sich die Welt weiterbewegt und die verzweifelte Situation verging und wurde Geschichte.[2]

Hammarskjöld war zweifellos ein tatkräftiger Mensch, umso interessanter ist es, wenn er vom Wert des wachsamen Abwartens spricht. Seine Ungeniertheit, mit der er von der Notwendigkeit redet, die heilende Kraft der Zeit wirken zu lassen, ist offensichtlich und lässt uns ähnlich unbefangen darüber denken. Als er 1955 bei Gelegenheit auf das Thema zurückkam, schrieb er:

> Jeder Mensch lebt sein Leben unter Begleitung von vielen ungelösten Problemen, und nur wenigen Zeitaltern ist es gelungen, eine abschlie-

2. »Ansprache am Abendessen ihm zu Ehren bei der American Association for the United Nations in Zusammenarbeit mit dem Institut zum Studium von UN-Angelegenheiten der Universität von New York, 14. September 1953, New York« in PP2, Seite 95.

> ßende Lösung der Herausforderungen zu finden, denen sie sich gegenübergestellt sahen. In gewissen Zeiten mag man zu einer partiellen Regelung gelangen, später vielleicht einmal eine umfassendere Beilegung erreichen; häufig ist jedoch das Aufrechterhalten des Stands der Dinge die einzige Möglichkeit, bis die zeitliche Entwicklung eine günstigere Gelegenheit bringt.[3]

Hammarskjöld hatte erkannt, dass gewisse ungelöste Probleme, bestimmte traumatische Erinnerungen an schreckliche Gewalt und erlittenes Unrecht, nicht vergessen werden können. Patrice Lumumba (1925–1961), Premierminister des gerade unabhängig gewordenen Kongos und Märtyrer für die Freiheit seines Landes, stellte dies in seiner Rede anlässlich der Unabhängigkeitsfeier am 30. Juni 1960 in Gegenwart des belgischen Königs und hoher Regierungsvertreter der sich zurückziehenden Kolonialmacht trotzig klar:

> Morgens, mittags und nachts mussten wir Hohn und Spott ertragen, Beleidigungen und Schläge über uns ergehen lassen, nur weil wir »Neger« waren. Wer könnte jemals vergessen, dass der Schwarze geduzt wurde, nicht weil er ein Freund gewesen wäre, sondern weil das höfliche »Sie« dem weißen Mann vorbehalten war? Wir wurden Zeugen, wie unser Land geraubt wurde im Namen angeblich gerechter Gesetze, die nur das Recht der Macht gelten ließen. [...] Wir haben entsetzliches Leid erlebt.[4]

Dreizehn Monate später, nachdem die bedrückenden Ereignisse kein Ende fanden und Lumumba gefoltert

3. »Die Vereinten Nationen in der modernen Welt«, Artikel in *Journal of International Affairs,* Columbia University, 1955, S. 539.

4. Ein Video der Rede Patrice Lumumbas findet sich im Internet über die Umleitung: chalice.de/lumumba-1. Eine deutsche Übersetzung der Rede unter: chalice.de/lumumba-2.

und ermordet worden war, sprach Hammarskjöld an einem Treffen kongolesischer Führungspersönlichkeiten. Die heilende Kraft der Zeit, als hätte sie die Erinnerungen lediglich aufgefrischt, hatte nicht ausgereicht. Es brauchte mehr.

> Bei den Vereinten Nationen habe ich gelernt, dass die Geschichte wichtig ist, um Standpunkte zu erklären, doch die Geschichte kann uns auch in Ketten legen; was jedoch zählt, ist, für die Zukunft zu arbeiten. [...] Völker sind am glücklichsten, wenn sie die Kraft und den Mut finden, nicht ihre großen nationalen Andenken loszuwerden, sondern ihre Ressentiments und ihre unglücklichen Erinnerungen. Das verleiht ihnen neue Stärke. [...] Aus diesem Grund habe ich, als Generalsekretär, einen gewissen Hang dazu, antihistorisch und – zusammen mit meinen Kollegen und Kolleginnen – soweit wie möglich Schöpfer zu sein. Und zwar Schöpfer in dem Sinne, erfolgreich etwas Neues zu schaffen, etwas, das auf menschlichen Werten basiert, die überall existieren und immer bewahrt werden können, wenn wir den Mut finden, dies zu tun und unsere Fesseln abzulegen.[5]

Ein weiterer Hinweis darauf, wie Hammarskjöld die Notwendigkeit von »geistiger Freiheit« verstand. Seine Botschaft an die kongolesische Führung offenbart etwas von der Schwere und Hartnäckigkeit der Probleme, mit denen sich Hammarskjöld zur damaligen Zeit konfrontiert sah. Ist es möglich, sich zu erinnern und gleichzeitig an der Errichtung von etwas Neuem zu arbeiten? In der jüngeren Geschichte haben wir das mehrmals geschafft – wir wissen, wie es geht, obwohl die Verbitterung über vergangene Gräuel nur

5. »Erklärung am Abendessen, veranstaltet vom Vizepräsidenten der Republik Kongo, Antoine Gizenga, am 31. Juli 1960 in Leopoldville« in PP5, Seite 51.

langsam nachlässt und gewisse Erinnerungen unauslöschlich bleiben.

Wie die Suezkrise, hatte auch die Kongokrise vielfältig ineinander verwickelte Ursachen; anders als der Suezkanal, ist der Kongo bis auf den heutigen Tag ein Krisengebiet geblieben. Kurz gesagt, zwangen gegen Ende der 1950er-Jahre die weltweite öffentliche Meinung wie auch politische Kräfte innerhalb des Kongos die langjährige Kolonialmacht Belgien, ihre Herrschaft über das riesige Territorium im Herzen Afrikas – das beinahe die Fläche Europas umfasst – aufzugeben. Doch die Kongolesen waren auf ihre Unabhängigkeit nicht vorbereitet. Das Schulwesen, die medizinische Versorgung, die Infrastruktur wie etwa asphaltierte Straßen, sowie die politische Erfahrung waren sehr bescheiden oder fehlten gänzlich, weil die Kolonialmacht sich nicht darum geschert hatte, die notwendigen Einrichtungen und Möglichkeiten bereitzustellen. Es gab alles – enorme Bodenschätze, ein unbegrenztes landwirtschaftliches Potenzial, den kulturellen Reichtum unzähliger uralter Stammesgesellschaften – und nichts, abgesehen von Minen im Besitz europäischer Interessengruppen.

Zwar ging aus demokratischen Wahlen eine unabhängige Regierung hervor – so weit so gut. Patrice Lumumba, der Premierminister mit einer starken nationalen Vision, tat nach jenem schicksalhaften Zusammentreffen vom 30. Juni sein Bestes, die junge Nation auf einen vernünftigen Kurs zu steuern – von dem sie aber nach nur wenigen Tagen gewaltsam wieder abgebracht wurde. Die kongolesische Armee meuterte gegen ihre belgischen Offiziere, marodierte in den Straßen und jagte der belgischen Zivilbevölkerung Angst und Schrecken ein, worauf diese floh. Bereits zehn Tage später sagte sich der reichste Landesteil, die Provinz Katanga, los, stellte sich unter den Schutz belgischer Streitkräfte und Söldner und nahm damit dem neuen Staat den Großteil seiner Einkünfte. Die Bühne war bereitet für die größte

Bewährungsprobe, vor der die Vereinten Nationen je gestanden hatten, und für die bedeutendste und letzte von Hammarskjöld.

Ihm selbst sollte es nicht vergönnt sein, die Krise durchzufechten. Dennoch sprechen seine Gedanken über die heilende Kraft der Zeit einen wehmütigen Segen für ein kriegszerrissenes, tragisches Land.

> Wenn sie von Menschen weise genutzt wird, die über einen Sinn für Geschichte verfügen und durchdrungen sind von einem menschlichen und toleranten Glauben, kann die Zeit eine große Heilerin von Hass sein, ein Konfliktlösungsmittel und eine Brücke, die aus der Angst hinüberführt zur Verständigung in einem Ausmaß, das heute noch jenseits unserer Reichweite zu liegen scheint.[6]

9 Ausdauer

In den letzten Wintertagen des Jahres 1957, unmittelbar nach Abschluss der Sitzung der Generalversammlung der Vereinten Nationen, verließ Hammarskjöld New York ohne Verzug zur Wiederaufnahme schwieriger Verhandlungen im Nahen Osten. Wie so häufig richtete er sich brieflich an einen Freund in Schweden und schrieb:

> Auf eine eigenartig instinktive Weise fühle ich, dass wir auf einem guten Weg sind und es schließlich schaffen werden. Ich habe absolut nichts, was ich zugunsten eines solchen Optimismus anführen könnte, nichtsdestotrotz glaube ich, er ist realistischer als all die Kassandra-

6. »Ansprache am Pilgrims Dinner vom 18. März 1954 in London« in PP2, Seite 272.

> rufe. [...] Am Montag reise ich nach Kairo. [...] Ich glaube nicht an die Möglichkeit irgendeines befriedigenden Resultats, doch ich folge einfach dem Grundsatz, dass nichts ungetan oder unversucht gelassen werden darf. Ein bisschen ermüdend ist es schon, der ewige Sündenbock für die Unmöglichkeiten zu sein, die andere geschaffen haben, doch zählt dies weniger als nichts, solange es zum allmählichen Aufbau dessen gehört, was wir zu erreichen versuchen.[1]

»Der Grundsatz, dass nichts ungetan oder unversucht gelassen werden darf«, beschreibt einen traditionellen Kernpunkt des Kodexes: Ausdauer. In seinem Tagebuch notierte Hammarskjöld in jenem Jahr zu dem Thema etwas beißender und persönlicher: »Du hast nicht genug getan, du hast nie genug getan, solange noch die Möglichkeit besteht, dass du etwas von Wert beisteuern könntest. Das ist die Antwort, falls du stöhnst unter dem, was du als Bürde und Risiko *ad infinitum* empfindest.«[2]

Während Hammarskjölds Jahren bei den Vereinten Nationen war ein drohender Atomkrieg eine immer wiederkehrende Sorge – und natürlich Gegenstand andauernder diplomatischer Bemühungen. Im Frühling 1954 sprach er in Berkeley an der Universität von Kalifornien über wissenschaftliche und technische Entwicklungen, einschließlich der zwei Jahre zuvor erfolgten erstmaligen Zündung einer Wasserstoffbombe. »Zu behaupten, diese Entwicklung bedeute eine große Herausforderung für unsere Zivilisation, ist ein Understatement«, sagte er und wandte sich dann der Frage zu, mit welchen praktischen Mitteln dem zu begegnen sei:

> Ich glaube nicht, dass sich bei der Erarbeitung der jetzt notwendigen Mittel pfannenfertige Lö-

1. Brief an Per Lind vom 16. März 1957, KB.
2. *Tagebuch,* 6. Oktober 1957.

sungen finden lassen oder dass wir etwa eine schmerzvolle Periode des Ausprobierens vermeiden können. Zweifellos wird es ein langwieriger Prozess werden, der viel Ausdauer verlangt, eine Menge Unzulänglichkeiten und Fehler mit sich bringen und ernsthafte Rückschläge erleiden wird. Doch ich bin sicher, solch ein Prozess wird schließlich Resultate zeigen, wenn er im richtigen Geist angegangen und geführt wird.

> Der richtige Geist. Aus dem Gesagten wird offensichtlich, dass das Erste, was es brauchen wird, Geduld ist: eine Geduld, die getragen wird von unserem festen Vertrauen in unsere Fähigkeit, das Ziel zu erreichen. Aber wir brauchen mehr als Geduld in einem passiven Sinn. Wir brauchen Ausdauer von der Sorte, die uns dagegen rüstet, uns Niederlagen zu Herzen zu nehmen, weil wir wissen, dass Niederlagen unvermeidlich sein werden und dass, falls unsere Anstrengungen keine Resultate zu zeitigen scheinen, es daran liegen könnte, dass wir noch nicht das nötige Maß an Ausdauer darangesetzt haben.[3]

Wir haben bereits gehört, wie Hammarskjöld Ausdauer und Geduld miteinander verband. Hier sortiert er sie und spricht davon, dass es beides braucht. Ein Monat nach Berkeley stand er erneut vor einem Abschlussjahrgang einer Hochschule, dieses Mal im Amherst College, und setzte sein Thema nun mit Gedanken fort über die Tragik des Lebens, die chronische Unsicherheit und die Existenzrisiken, die sich nicht übersehen lassen:

> Wir benötigen ein umfassenderes Wissen über den Menschen an sich, ein Wissen, das unserer

3. »Ansprache an der Promotionsfeier der Universität von Kalifornien, Berkeley, 13. Mai 1954« in PP2, Seite 297.

> Meisterschaft in Wissenschaft und Technologie besser entspricht. Nur in dem Maße, wie wir diese Kluft zu schließen vermögen, werden wir die Gefahren von Angst und Misstrauen und das daraus entspringende irrationale Verhalten verringern können. Das wird selbstverständlich keine Sache weniger Monate oder weniger Jahre sein – eine Art Krieg gegen die Angst und den Hass, der als Folge unserer erfolgreichen Anstrengungen mit einem endgültigen Sieg enden wird. Nur wenn wir in unserem Vertrauen in die Brüderlichkeit der Menschen scheitern sollten, könnte es zu so etwas wie einem unwiderruflichen Ende dieses Kampfes kommen – und dies wäre die Zerstörung unserer Zivilisation. Nein, das Zeichen des Erfolgs wird niemals ein endgültiger Sieg sein. Es wird viel eher in unserer kämpferischen Ausdauer zu finden sein und in der Aufrechterhaltung und Stärkung unseres Glaubens an die Zukunft des Menschen.[4]

Hammarskjöld wandte sich in viele Richtungen, um sich frische Sichtweisen zu erschließen und Neues zu lernen. Sein Bedürfnis weiterzusuchen war nicht nur einer gesunden Maxime geschuldet, es entsprach seinem Wesen. In seinem Tagebuch, in welchem er oft in der Sprache des Glaubens über seine Erfahrungen und seine Ziele nachdachte, schrieb er in jenen Jahren:

> Ein Empfangender zu bleiben – aus Demut. Und deine Biegsamkeit zu bewahren.
>
> Ein Empfangender zu bleiben – und dankbar zu sein. Dankbar, dass es dir *erlaubt* war zu hören, zu beobachten, zu verstehen.[5]

4. »Ansprache zum Semesterbeginn am Amherst College vom 13. Juni 1954 in Amherst, Massachusetts« in PP2, Seite 306.
5. *Tagebuch,* 25. Dezember 1955.

In den letzten Jahren seiner Amtszeit las er vermehrt religiöse Klassiker aus Asien, die häufig angereichert sind mit Geboten der guten Staatsführung, und so stieß er auch auf eine Stelle, die ihn über alle Maßen entzückte und tief bewegte. Sie fand sich in Arthur Waleys wundervollem Buch *The Way and Its Power,* einer kommentierten Übersetzung des zentralen taoistischen Textes des *Tao-Te-King.* Waley beschreibt dort eine Gruppe ausdauernder Friedensstifter aus der Zeit der Streitenden Reiche zwischen dem fünften und dritten vorchristlichen Jahrhundert in Worten, die Hammarskjöld einen anderen Kreis von Friedensstiftern sehr anschaulich in Erinnerung riefen: seinen eigenen. Waley hatte aus alten Chroniken übersetzt:

> Unablässig abgewiesen, doch niemals entmutigt, zogen sie von Staat zu Staat, um den Menschen zu helfen, ihre Streitigkeiten beizulegen, und sprachen sich gegen böswillige Angriffe und für die Abschaffung von Waffen aus, sodass die Epoche, der sie angehörten, von ihrem ununterbrochenen Kriegszustand erlöst werden möge. Zu diesem Zweck redeten sie mit Fürsten und lehrten das einfache Volk, ohne irgendwo besonders erfolgreich zu sein, aber ihre Ziele mit hartnäckiger Ausdauer verfolgend, bis Könige und Bürger müde wurden, ihnen zuzuhören. Aber sie fuhren unerschrocken fort, die Menschen auf sich aufmerksam zu machen.[6]

Bei einer Gelegenheit im Jahr 1957, bei der er diese Passage zitierte, fügte Hammarskjöld natürlich seinen eigenen Kommentar hinzu. Und was er sagte, ist ebenso eine Beschreibung seiner persönlichen Haltung wie eine historisch korrekte Interpretation. Er

6. Arthur Waley: *The Way and Its Power: A Study of the Tao Tê Ching and Its Place in Chinese Thought,* London: Allen & Unwin, 1949, Seite 90.

muss sich mit jenen ausdauernden Friedensstiftern aus längst vergangenen Zeiten lebendig verbunden gefühlt haben. Wenn solche Empfindungen auftauchen, rücken sie die Dinge ins richtige Licht und lassen uns Teil einer großen Gemeinschaft werden. Er fragte:

> Ist dies die Beschreibung einer donquichottischen Gruppe, deren Anstrengungen zum Scheitern verurteilt sind? Die Wortwahl mit ihrem Anklang von Frustration könnte uns das denken lassen. Doch ich glaube, eine solche Interpretation wäre falsch. Der Historiker erzählt uns von einer Gruppe, die sich einem Kampf verschrieben hat, den er als der Mühe mehr als Wert erachtet und der so lange andauern muss, bis sich der Erfolg einstellt. Der halb ironische, halb traurige Ton, den er anschlägt, zeugt lediglich von seinem Wissen um die Schwierigkeiten, die die menschliche Natur einer solchen Friedensarbeit in den Weg legt. Sein Pessimismus wird abgemildert von seinem feinen Sinn für Humor und dem starken Proportionsverständnis eines Menschen, der seine eigene Zeit aus einer langen historischen Perspektive zu betrachten versteht. Von seiner Haltung können wir etwas lernen, sowohl für unsere Friedensanstrengungen als auch für unsere Arbeit zugunsten der universellen Anerkennung der Menschenrechte.[7]

Wir haben deutlich gesehen, wie sehr Hammarskjöld die zeitlose Tugend der Ausdauer schätzte und deren Bedeutung an der Seite der Geduld in dem zu würdigen wusste, was er als den Kodex verstand und empfand. Einen weiteren seiner Gedanken zu diesem

7. »Rede über Menschenrechte und Friedensarbeit anlässlich des Abendessens zum fünfzigjährigen Bestehen des American Jewish Committee, New York, 10. April 1957« in PP3, Seite 554.

Thema möchte ich noch zitieren. 1955 sprach er mit dem UN-Pressekorps über nukleare Abrüstung – einen Tagesordnungspunkt, der seit damals noch nicht sehr viel weitergekommen ist und bei dem wichtige Fortschritte mit bedrohlichen Entwicklungen einhergegangen sind. Was er bei jener Gelegenheit äußerte, hallt weit über die damalige Situation hinaus: »Es gibt keine Beispiele oder Erfahrungen, die es uns erlauben würden, es nicht noch einmal zu versuchen.«

10 Globale gegenseitige Abhängigkeit

Nach dem Zweiten Weltkrieg, und der Geburt der Vereinten Nationen als Antwort darauf, wurde die Tatsache der globalen gegenseitigen Abhängigkeit offensichtlich, doch deren Bedeutung und Folgen begann man gerade erst zu verstehen. Hier und dort mochte es noch das eine oder andere abgeschottete Königreich geben, aber meistenorts wurde es augenscheinlich, dass wir es alle miteinander zu tun bekommen würden. Hammarskjöld gehörte zu den Ersten, die diese neue Wirklichkeit klar und deutlich ansprachen. Wenige Monate nach seinem Amtsantritt hatte er angefangen, über dieses Thema zu reden und zu diagnostizieren, wo die besorgte globale Gemeinschaft der Schuh drückte.

> Die Vereinten Nationen müssen in ihrer Arbeit das Verlangen der Menschen, in Frieden und Anstand zusammenzuleben und zusammenzuarbeiten, unterstützen. Aus diesem Grund müssen die Vereinten Nationen versuchen, ein neues Bewusstsein zu schaffen für die menschliche und staatliche gegenseitige Abhängigkeit. Um

> dies tun zu können, müssen sie verstehen lernen, was die Entwicklung eines solchen Bewusstseins so schwer macht. Sie werden die Angst verstehen – und herausfordern – müssen, die so vieles im menschlichen Handeln antreibt, die Angst, die unser größter Feind ist, die aber irgendwie das Herz eines jedes Menschen zumindest teilweise vergiftet.[1]

Bereits auf den vorherigen Seiten haben wir, vielleicht ohne explizit davon Notiz zu nehmen, Hammarskjöld verschiedentlich von Angst als der Blockierung zwischen Nationen und genauso zwischen Menschen sprechen hören. In einem anderen Statement, das er schon früh in seinem Amt abgab, benutzte er bewusst den Begriff »Schrecken« – ein Wort aus der Kindheit, nicht aus der vornehmen Welt der Erwachsenen – zur nachdrücklichen Veranschaulichung der Zersetzung von Ausgeglichenheit und Vernunft dort, wo Angst dominiert.

> Wenn wir versuchen, unsere Welt zu verändern, müssen wir sie ehrlich betrachten, so wie sie ist. Diejenigen, die es nicht wagen, den grundlegenden Tatsachen der internationalen gegenseitigen Abhängigkeit ins Auge zu sehen, haben schon verloren. Diejenigen, die sich von Niederlagen erschrecken und auf den Ausgangspunkt eines engen Nationalismus zurückwerfen lassen, haben schon verloren. Diejenigen, die ein Rückschlag derart erschreckt, dass sie ob der Zukunft verzweifeln, haben schon verloren. Für sie alle mögen die dunklen Prophezeiungen gerechtfertigt sein. Nicht aber für diejenigen, die sich nicht abschrecken lassen, und nicht für die Organisation, die ihnen als Instrument in die-

1. »Ansprache an einem Mittagessen, veranstaltet von der American Political Science Association, vom 11. September 1953 in Washington, D.C.« in PP2, Seiten 84–85.

> sem Kampf zur Verfügung steht – als ein Instrument, das Schiffbruch erleiden mag, das aber, sollte dies geschehen, immer und immer wieder neu geschaffen werden müsste und sicherlich auch geschaffen werden würde.[2]

Wenn in unseren Tagen eine Handvoll politischer Führer tatsächlich nach der Demontage der Vereinten Nationen oder ihrer Unterorganisationen ruft oder nach deren Bevormundung durch irgendetwas, das ihnen genehmer wäre, denke ich an diese und andere Aussagen Hammarskjölds. Um sie also nicht wieder neu erschaffen zu müssen, sollten wir die Vereinten Nationen bewahren und sie weiter verbessern.

Bis hierhin haben wir die gegenseitige Abhängigkeit von Nationen betrachtet. In einer seiner denkwürdigsten Aussagen sprach er 1954 – zufälligerweise in Washington, D.C. – über die gegenseitige Abhängigkeit von Menschen als solchen, ungeachtet ihrer nationalen Identität:

> Obwohl dies nicht so gerne eingesehen wird, [...] kennt die gegenseitige Abhängigkeit weder ideologische noch Rassengrenzen. Sie herrscht zwischen Kapitalisten, Kommunisten und Sozialisten, zwischen Katholiken, Protestanten und Juden, zwischen Hindus, Muslimen und Buddhisten, zwischen schwarzen, braunen, gelben und weißen Hautfarben und darüber hinaus zwischen vielen weiteren Varianten zu glauben, auszusehen und zu leben.[3]

Wie faszinierend diese Aufzählung sich doch von den »wichtigen«, großgeschriebenen Identitätsmerkmalen

2. »Bemerkungen an einem Mittagessen der United Nations Correspondents Association am 10. Juli 1953 in New York« in PP2, Seite 63.

3. »Rede an einem Mittagessen des National Press Club am 14. April 1954 in Washington, D.C.« in PP2, Seite 284.

in der überreichen Mischung unserer Varianten verliert... »Die Nervensignale einer Wunde werden sofort im ganzen Körper der Menschheit gespürt« (Hammarskjöld 1953).[4]

11 Eine Welt voller Bedeutung

Gegen Ende des Winters 1958 schrieb Hammarskjöld, er hatte gerade ein paar Tage an seinem ländlichen Rückzugsort nördlich von New York City verbracht, an einen Freund:

> Letzten Sonntag bin ich der Stadt entflohen. Die Drosseln sind gerade zurückgekehrt, aber vom Strom der Zugvögel noch nicht auseinandergetrieben worden, also konnte ich sie zu Hunderten beobachten. Auf meinem Rückweg in der Abenddämmerung stob ein Schwarm Stare über dem Hudson in Richtung Norden: wie Wellen über Wellen wirbelnder Asche im starken Wind. Das Zeitlose, das sich immer aufs Neue Wiederholende – werden wir eines Tages auch ihm ein Ende bereiten in unserer immensen Unfähigkeit, die Probleme menschlichen Zusammenlebens zu lösen?[1]

Es ist schwierig, das, was hinter diesen wenigen Worten liegt, überzubewerten: eine lebenslange Auseinandersetzung mit der Szenerie der Natur, eingeschränkt, aber nie gänzlich verunmöglicht von seiner Arbeit bei den Vereinten Nationen in der Großstadt.

4. Rede vor der Foreign Policy Association an einem Abendessen zu seinen Ehren am 21. Oktober 1953 in New York« in PP2, Seite 102.

1. Brief an Eyvind Johnson vom 12. März 1958, KB.

Zu seiner Zeit wusste noch kaum jemand von den Gefahren des Klimawandels, aber alle waren sich im Klaren über eine andere Bedrohung: den Nuklearkrieg.

Als Kind und als Jugendlicher ließ der junge Dag bei seiner Familie keine Zweifel darüber aufkommen, dass er sich später für die eine oder andere Biowissenschaft entscheiden werde. Er sammelte Lebewesen in Aquarien und studierte ihr Wachstum und Verhalten; er lernte die wissenschaftlichen Namen aller Dinge, denen er begegnete; und er fand ein lebenslanges Vorbild im schwedischen Naturforscher Carl von Linné (1707–1778), dem Schöpfer des Systems zur biologischen und zoologischen Taxonomie von Gattungen und Spezies. Wie von Linné, reiste auch Dag schon in frühen Jahren in den hohen Norden Schwedens zu den Berg- und Wasserlandschaften Lapplands und zu den Samen, dem Volk von Rentierhaltern, die ihm Dinge beibrachten, die er nie mehr vergaß. Er lernte, innerlich ruhig und still zu werden, sodass er besser sehen und verstehen konnte, was um ihn herum geschah. Er erfuhr, was von Linné lange vor ihm gewusst hatte. »Das Staunen angesichts des Beweises, den die Natur von der Allmacht des Herrn ablegt«, sagte Hammarskjöld 1957 in einer höchst ungewöhnlichen Ansprache, »ließ von Linné beim Anblick der Mitternachtssonne den folgenden Kommentar schreiben: ›Oh Herr, Deine Urteilssprüche sind unbegreiflich.‹«[2] Ebenso wie die Kirche und die Schriften, lehrte die Natur Hammarskjöld den Glauben. Und, was alles andere als unbedeutend war, er lernte in der harten Schule des Kletterns die Disziplinen Ausdauer, Geduld, Voraussicht und rückhaltlose Anstrengung. So wurden ihm die Fertigkeiten und die Anforderungen beim Bergsteigen zu permanenten Sinnbildern für die benötigten Fähig-

2. »Von Linnés Erbe in unsere Zeit«, Präsidialansprache an der Jahresversammlung der Schwedischen Akademie am 20. Dezember 1957 in Stockholm« in PP3, Seite 704.

keiten und die Herausforderungen in der Politik. »Wenn die Frische des Morgens der Müdigkeit des Mittags gewichen ist«, schrieb er 1956 in sein Tagebuch, »wenn die Beinmuskeln vor Anstrengung zittern, der Anstieg endlos scheint und plötzlich nichts mehr so geht, wie du möchtest – genau dann darfst du *nicht* zaudern.«[3] Damit meinte er nicht nur die Berge – während seiner Zeit bei den Vereinten Nationen hatte er nie Gelegenheit, in die Bergwelt zurückzukehren, weit weg von allen Kommunikationsmitteln. Er dachte an die Anforderungen der globalen Diplomatie.

Obwohl er in New York City stationiert war und Schweden nur im spärlichen Urlaub und auf Kurzreisen im Rahmen seiner Diplomatie hinter den Kulissen besuchen konnte, blieb Hammarskjöld ein geübter Fürsprecher der schwedischen Landschaft. Er amtierte als Vizepräsident des schwedischen Tourismusverbandes und veröffentlichte in dessen Journal von Zeit zu Zeit Artikel zu regionalen Themen. 1954 verfasste er eine Einführung zu einem posthumen Buch eines seiner Wanderfreunde, Gösta Lundquist (1905–1952), der im Verlauf seines kurzen Lebens klassische Aufnahmen der Landschaften und des Alltags der Menschen in Lappland gemacht hatte. Lundquist sei nicht an Postkartenidylle interessiert gewesen, schrieb Hammarskjöld. »Er wollte die unzugänglichere Welt jener Schönheit präsentieren, die sich nur jenen offenbart, die sich dafür die Zeit nehmen und die verstehen wollen.«[4] Wie Lundquist, reiste auch Hammarskjöld nie ohne eine Kamera durch die Welt oder sein Heimatland. So entstand eine überraschend umfangreiche Sammlung seiner Fotografien

3. *Tagebuch*, 1956.

4. Gösta Lundquist: *Lapland,* mit einem Vorwort von Dag Hammarskjöld, Stockholm: Bonniers, 1954, Seite 6. Siehe auch Claes Grundsten: *Swedish Wilderness: The Mountain World of Dag Hammarskjöld,* Stockholm: Bokförlaget Max Ström, 2007.

von Landschaften und besonderen Momenten, beispielsweise von einem Tempel in Burma, als er tief berührt war von einer betenden älteren Frau. Seine höchste Auszeichnung als Amateurfotograf und (jedoch mehr als nur amateurhafter) Autor erfuhr er in einem Artikel im Magazin *National Geographic,* der mit seinen farbigen Luftaufnahmen des Himalajas illustriert war.[5] Es war eine späte Rückkehr in die Berge, die er mit warmherziger Unterstützung seiner damaligen Gastgeber von der Zeit abzwackte, die ihm für eine diplomatische Mission in Nepal zur Verfügung stand.

Hammarskjölds turnusgemäße Übernahme der Präsidentschaft der Schwedischen Akademie 1957 fiel mit dem 250. Geburtstag von Carl von Linné zusammen. Er kam der langen Tradition einer präsidialen Rede nach, indem er auf die Werte, die Unternehmungen und die sehr besondere Sprache seines lebenslangen Vorbildes einging. Sein Freund Bo Beskow hat behauptet, Hammarskjöld habe jene lange, wunderbar nachdenkliche Rede während einer einzigen endlosen Ansprache eines Diplomaten an der UN-Vollversammlung verfasst. Das ist unwahrscheinlich, aber worauf Beskow hinauswill, ist klar: Der Weltgeschäfte zum Trotz fand Hammarskjöld irgendwie die Zeit zum Schreiben. »Frische und Genauigkeit, Begeisterung ohne Schwärmerei, ein instinktives Auge für Bedeutung und Kausalität« – dies waren Werte, die Hammarskjöld an von Linnés Schriften bewunderte. Hammarskjöld war ihm diesbezüglich nicht unähnlich. Das Gleiche gilt für die den beiden gemeinsame Ehrfurcht vor der Natur und vor dem Etwas, das in ihr präsent ist: »Tief im Innersten war es eine Welt voller Bedeutung. [...] Die Zeilen [von Linnés] vibrieren [... in] einer glücklichen Demut vor dem Geheimnis. [...] Das Leben

5. DAG HAMMARSKJÖLD: "A New Look at Everest" in *National Geographic* 119, Nr. 1., Januar 1961, Seiten 87–93.

wurde für von Linné zu einem *mysterium tremendum.* Und es blieb bis zum Ende ein *mysterium numinosum.*«[6]

Ein gewaltiges Mysterium, ein numinoses Mysterium... Hammarskjölds Sicht auf die Natur, die er mit von Linné teilte und die im Werk des alten Meisters wurzelte, war eine Verbindung von Wissenschaft und Ehrfurcht.

Zwei Punkte gilt es noch zu betrachten: Wie Hammarskjöld die »Stellung« der Menschheit in Bezug auf die Natur sah und wie er die Gefahren einschätzte, welche Mensch und Natur bedrohen. Zu beiden Punkten äußerte er sich in seiner Rede über den Naturforscher:

> Von Linné gibt uns einen Schlüssel zum Geheimnis seiner Sicht auf die Natur. Hier ist der Mensch nicht länger das Zentrum der Welt, sondern ein Zeuge und gleichzeitig ein Partner im stillen Leben der Natur, ihr aufgrund einer geheimen Verwandtschaft verpflichtet. [...] So hört für von Linné der Wald auf, nur mehr ein Bühnenbild für die Abenteuer des Menschen zu sein, eine romantische Schallmuschel für dessen Träume und Ängste oder ein materieller Aktivposten, den er gebrauchen oder missbrauchen kann. [...]
>
> Wir spüren die Last [...] einer Bedrohung des Lebens, das wir lebenswert finden. Sollten wir in unserem Widerstand schwanken [...], hätten wir Grund zu verzweifeln. Dann würde die Zukunft schwer überschattet [...]. Dann hätten unsere Opfer zugunsten der Entwicklung einer Gemeinschaft der Nationen, die auf dem Glauben an den Wert jedes einzelnen Menschen gründet, all ihre Bedeutung verloren.[7]

6. »Von Linnés Erbe in unsere Zeit«, Seite 702–703.
7. Ebenda, Seiten 703, 708.

Hammarskjöld hätte für das von den Vereinten Nationen getragene Pariser Klimaabkommen vom Herbst 2016 gearbeitet und er hätte es gutgeheißen. Und er hätte auf mehr gedrängt.

12 Mut

»Halbherzige und ängstliche Maßnahmen, auch wenn sie aufseiten der Besten ergriffen werden, führen zu nichts. Die dynamischen Kräfte der Geschichte werden uns einholen, wenn wir nicht willens sind, in Kategorien zu denken, die dem Problem angemessen sind.«[1] Dies erklärte Hammarskjöld vor einer Gruppe von Juristen und Jurastudenten 1956 in Montreal. Was er sagt, trifft besonders auf Führungspersonen zu, die es gut meinen, denen es aber an Tapferkeit und Einfallsreichtum fehlt, die Herausforderungen zu meistern, denen sie gegenüberstehen. Wir erinnern uns, dass er Schlauheit und Integrität wie auch das, was er einst als ein höheres Pflichtbewusstsein für kreatives Handeln bezeichnet hatte, als die idealen Voraussetzungen für einen Diplomaten betrachtete. Hammarskjölds Denken ist ein vielfältig verknüpftes Gewebe.

Im Forum der Nationen lag sein Fokus stets auf moralischem Mut. Doch er wusste, dass zu den unausgesprochenen Anforderungen in der Stellenbeschreibung des UN-Generalsekretärs auch der physische Mut gehörte. Eine Journalistin, der er vertraute und mit der er während der Suezkrise sprach, berichtete, dass »er klar zu verstehen gab, sich der Tatsache äußerst bewusst zu sein, dass, wer sich in einer Situation exponiert, selbst zum Ziel werden kann. Und er

1. »Ansprache vor der International Law Association am 30. Mai 1956 an der Universität von Montreal« in PP3, Seite 157.

war sich sehr im Klaren darüber, dass er eines Tages ein solches Ziel werden würde.«[2] Bei seltenen Gelegenheiten, in denen er es als notwendig erachtete, ging er persönliche Risiken ein; wie bereits erwähnt, handelte er aufgrund von Fakten, Fakten, die ihm nicht immer wohlgesonnen waren. Wenn er in Konfliktzonen persönlich intervenierte, wurden sein Prestige und seine Autorität in vielen Fällen, wenn auch nicht in allen, so weit respektiert, dass die Kontrahenten zu einer Rückkehr an den Verhandlungstisch bewegt werden konnten.

Über physischen Mut sprach er nicht in der Öffentlichkeit, in seinem Tagebuch fehlt das Thema indes nicht. »Mut?«, fragte er sich dort 1956. »Auf der Stufe, auf der die Treue eines Mannes sich selbst gegenüber das Einzige ist, was zählt, ist dieses Wort bedeutungslos. ›Verhielt er sich mutig?‹ – ›Nein, bloß logisch.‹«[3] Das mag in Ihren Ohren *allzu* logisch klingen, als eine allzu hohe Norm. Also korrigieren wir es mit einigen Gedichtzeilen, die er im letzten Frühling seines Lebens in sein Tagebuch schrieb, als die Kongokrise auf ihrem Höhepunkt war:

Körper,
Mein Spielkamerad,
Darfst nicht zaudern,
Noch mich verraten, wenn
Der Augenblick kommt,
Das Unmögliche zu tun.[4]

Ich weiß nicht, was genau er voraussah, doch er wusste, dass der Kongo ein Schlachtfeld geworden war.

Was den moralischen Mut anging, so hatte er eine Verpflichtung geerbt. Schon früh in seiner Amtszeit sagte er:

2. Interview mit Pauline Frederick: *UN Oral History Collection,* 11. Juli 1986, Seite 23.
3. *Tagebuch,* 10. Juni 1956.
4. *Tagebuch,* 8. Juni 1961.

> Generationen von Soldaten und Regierungsbeamten väterlicherseits haben mir den Glauben daran vererbt, dass kein Leben befriedigender ist als eines des selbstlosen Dienstes für dein Land – oder für die Menschheit. Ein solcher Dienst verlangte das Opfer sämtlicher persönlicher Interessen, aber ebenso den Mut, ohne Zögern zu deinen Überzeugungen zu stehen hinsichtlich dessen, was für die Gemeinschaft richtig und gut war, egal wie auch immer die gerade herrschende Meinung lautete.[5]

Das Ererbte ist eine Sache; eine andere ist es, im rechten Moment die richtigen Worte und die überzeugende Klarheit zu finden. Je nach den gegebenen Umständen konnte Hammarskjöld heiter und nachdenklich oder auch stahlhart und unnachgiebig sein. Kaum hatte er seine Amtszeit begonnen, wirkte er auf seine Sekretariatskollegen mit einer freundlichen Intelligenz ein, die in festen Idealen gründete. An einer Mitarbeiterversammlung sagte er:

> Wenn ich in die Zukunft blicke, erscheint mir die Lösung der Probleme beim Aufbau eines dringend benötigten wahrhaft internationalen und unabhängigen UN-Sekretariats manchmal jenseits des Menschenmöglichen zu liegen. Aber ich weiß, dass dem nicht so ist. Es besteht kein Grund zur Verzweiflung. Im Gegenteil: Allein die schiere Größe der Aufgabe sollte uns als Inspiration genügen; wir befinden uns in der glücklichen Lage von Pionieren. Auch wenn es uns nicht vergönnt sein sollte, [...] jemals ein Stadium zu erreichen, an dem wir wie am Siebten Tage sagen können, dass die Welt gut ist,

5. Dag Hammarskjöld: "Old Creeds in a New World", geschrieben für Edward R. Murrows CBS-Radiosendung "This I Believe" vom November 1953, in PP2, Seite 195. Siehe dazu auch Fußnote 4, Seite 125.

> auch wenn wir unsere Welt verlassen müssen, in der noch riesige Gebiete unbekannt und unerforscht sind, so haben wir dennoch eine Chance, ein wenig Land zu kartografieren und das, woran wir arbeiten, ein klein bisschen weniger unvollkommen zurückzulassen als zu Beginn.[6]

Eine unbestreitbar schöne Vision, die auch für viele andere tapfere Neuanfänge angemessen wäre. Doch er konnte auch anders klingen, wenn er »der Macht die Wahrheit ins Gesicht sagen« musste. Als Generalsekretär verkörperte natürlich auch er eine Macht – blieb aber letzten Endes ein Diener der Mitgliedsnationen und ganz besonders des UN-Sicherheitsrates. In den ersten Tagen der Suezkrise im Herbst 1956, als zwei ständige Mitglieder des Rates (das Vereinigte Königreich und Frankreich) ihre Pflichten gemäß der UN-Charta verrieten, ließ Hammarskjöld vor dem Pressekorps die für ihn in seiner Rolle so typische Zurückhaltung in vielen Dingen fallen. Er nannte niemanden beim Namen; das war auch nicht nötig. Nicht zum letzten Mal wählte er sich wiederholende Wendungen, um das, was er sagen wollte, der Öffentlichkeit einzuhämmern. (Hammarskjöld nutzte oft das direkte Gespräch mit der Presse, um die Weltmeinung zu beeinflussen.)

> Ich glaube nicht, dass der Weg zur Freundschaft über die Propaganda führt. Ich glaube nicht, dass man eine friedliche Zukunft aufbaut, indem man am Buchstaben klebt, aber den Geist des Gesetzes vergisst. Ich glaube nicht, dass Akte der Gewalt, aus welchem Grund auch immer, zu Zusammenarbeit führen. Ich glaube nicht, dass Siege, die mit dem Preis der Verletzung staatsvertraglicher Verpflichtungen erkauft

6. »Erklärung zur Personalpolitik an der Vollversammlung am Tag der Angestellten am 8. September 1953 in New York« in PP2, Seite 117.

> werden, Vertrauen unter Nachbarn schaffen. Aber ich glaube in der Tat, dass der Respekt vor Entscheidungen der Vereinten Nationen den Betroffenen jene Zustimmung der Weltgemeinschaft einträgt, die jede Nation braucht.[7]

Fast unhörbar erklingt hier ein Echo des nicänischen Glaubensbekenntnisses, des zentralen Bekenntnisses vieler christlicher Kirchen; dort heißt es: »Ich glaube…«, hier lautet es: »Ich glaube nicht…« Wenige Tage zuvor hatte er einem Freund in Schweden, weitab vom Drama im UN-Hauptquartier, geschrieben, seine »einzige Möglichkeit, dem Tod durch moralische Strangulation zu entgehen und die Idee der Organisation voranzubringen«, habe darin bestanden, eine freimütige Rede im Sicherheitsrat zu halten, in der er seine Rolle wie auch den Unterschied klargestellt habe zwischen den Vereinten Nationen als solchen und dem, was wir den »Kodex« nannten:

> Die Grundsätze der Charta sind weitaus erhabener als die Organisation, in der sie verkörpert sind, und die Ziele, die sie sicherstellen sollen, sind heiliger als die Politik einer jeden einzelnen Nation und jedes Volkes. [… Der Generalsekretär] muss […] ein Diener der Grundsätze der Charta sein, und ihre Ziele müssen letzten Endes festlegen, was für ihn richtig und was falsch ist. Dafür muss er sich einsetzen.[8]

Später gab es noch eine Gelegenheit, moralischen Mut zu beweisen, und viele halten sie für Hammarskjölds größte Stunde. Ich habe seine großen Stunden nicht gezählt; es gab derer viele, und diese gehör-

7. »Presserklärung nach der ersten Waffenstillstandsresolution der UN-Vollversammlung für den Nahen Osten am 2. November 1956 im New Yorker UN-Hauptquartier« in PP3, Seite 317.

8. Brief an Sture Petrén vom 1. November 1956. Die hier angesprochene Rede findet sich in PP3, Seiten 309–310: »›1. Suezkrise‹, 31. Oktober 1956 in New York«.

te dazu. In der Generalversammlung im Oktober 1960, die Kongokrise dauerte bereits einige Monate, verlief chaotisch und wurde von den Spannungen des Kalten Krieges noch zusätzlich angeheizt, wurde er Ziel heftiger verbaler Attacken vonseiten Nikita Chruschtschows, des Regierungschefs der Sowjetunion, der ihn aufforderte, mutig zu sein und zurückzutreten. Hammarskjöld brannte an jenem Morgen darauf, ihm sofort zu antworten, doch der Vorsitzende der Generalversammlung, ein vertrauter Kollege, riet ihm, seine Gedanken zu sortieren und seine Erwiderung auf den Nachmittag zu verlegen. Was er dann vortrug, lautete im Kern:

> Nicht die Sowjetunion oder irgendeine andere Supermacht braucht die Vereinten Nationen zu ihrem Schutz. Sondern alle anderen. In dem Sinne ist diese Organisation in erster Linie *deren* Organisation, und ich glaube zutiefst an die Weisheit, mit der sie alle fähig sein werden, sie zu nutzen und zu führen. So lange, wie meine Amtszeit dauert, werde ich auf meinem Posten bleiben als ein Diener dieser Organisation im Interesse all dieser anderen Nationen, solange *sie* dies wünschen...

An dieser Stelle wurde seine Rede von einer mehrere Minuten langen stehenden Ovation unterbrochen, während Chruschtschow und seine Entourage ostentativ auf ihre Schreibpulte klopften (Chruschtschow angeblich wieder einmal mit seinem Schuh).

> ... Der Vertreter der Sowjetunion hat von »Mut« gesprochen. Es ist *sehr* einfach zurückzutreten. Es ist nicht ganz so einfach weiterzumachen. Es ist *sehr* einfach, sich dem Wunsch einer Supermacht zu beugen. Es ist eine andere Sache, sich dem zu widersetzen. Wie alle Mitglieder dieser Versammlung wissen, habe ich Letzteres schon

> viele Male getan, in verschiedenen Richtungen. Wenn es dem Wunsch jener Nationen entspricht, die in dieser Organisation ihren besten Schutz in der heutigen Welt sehen, werde ich es erneut tun.[9]

Dies entsprach tatsächlich dem Wunsch jener Nationen; er blieb ohne weitere Rücktrittsforderungen im Amt, obwohl politische Konfrontationen mit dem Sowjetblock am UN-Hauptsitz zum Alltag werden sollten. Hammarskjöld verlor indes nicht den Sinn für Humor. In einem Brief an seinen Bruder Sten räumte er ein halbes Jahr nach dieser Auseinandersetzung ein, dass »der große Genosse Schuhhämmerer als dunkle Gewitterwolke fortfährt, alle unbußfertigen ›Nichtkommunisten‹ mit Hagel und Donner einzuschüchtern und wahrscheinlich auch mit Heuschrecken und anderen Plagen, die traditionellerweise von Stammesgöttern bevorzugt werden.«[10]

Ich bin selbst überrascht, dass ich dieses Thema von Mut und Risiko hauptsächlich an Beispielen aus dem Bereich politischer Krisensituationen und Hammarskjölds Reaktionen darauf behandelt habe. Mut ist jedoch keine Abstraktion und im Grunde keine Idee; er ist eine Tatsache des inneren Lebens im Fall von Konfrontation. Er hat zu tun mit dem Körper, der zittert oder nicht, mit dem Geist, der standhaft bleibt oder nicht angesichts von Ungerechtigkeit, Gefahr, Intrige oder verwirrendem Unsinn. Es gibt natürlich auch das eine oder andere denkwürdige aphoristische Beispiel aus weiteren Bereichen. »Wir müssen die Risiken akzeptieren«, sagte Hammarskjöld am kongolesischen Unabhängigkeitstag im UN-Hauptsitz. »Wir können sie aus einem Akt des

9. »›Ich werde auf meinem Posten bleiben…‹, zweite Replik am 3. Oktober 1960 in New York« in PP5, Seiten 199–200. Die kursive Auszeichnung stammt von mir und soll Hammarskjölds Betonung verdeutlichen.

10. Brief an Sten Hammarskjöld vom 3. Juni 1961, KB.

Glaubens akzeptieren oder aus einem Akt der Überzeugung, aber wir sollten es auf jeden Fall tun.«[11] Und da gab es 1955 diese weitläufige, nachdenkliche Diskussion mit einer Zuhörerschaft an einer Universität:

> Der internationale Dienst [...] bringt uns in Konfliktsituationen. Er gestattet uns nicht, ein geruhsames Leben unter dem Schutzschirm tradierter und konventioneller Vorstellungen zu führen. Intellektuell wie moralisch verlangt der internationale Dienst den Mut, uns einzugestehen, dass wir und diejenigen, die wir vertreten, unrecht haben, falls wir entdecken sollten, dass wir im Unrecht sind, auch gegenüber einem schwächeren Gegner; und er verlangt den Mut, für unsere Überzeugung einzustehen, auch im Angesicht der Bedrohung durch mächtige Widersacher. Doch bietet er uns nicht nur Aussicht auf Konflikte, sondern auch eine Quelle innerer Gewissheit; denn er gibt uns »Selbstachtung zu unserem Schutz«. Dies ist, wie Sie sich erinnern, die privilegierte Position, die Epiktet dem Kynikern zugesteht, wenn er getreu seinem Ideal auf allen äußeren Schutz verzichtet.[12]

Diese beiden Beispiele, ein dringendes Gebot und eine lockere Diskussion, in der Hammarskjöld sich sogar die Zeit nimmt, einen Lehrer der antiken Stoa zur Sprache zu bringen, beschließen dieses Kapitel.

11. »Abschrift einer Pressekonferenz vom 20. Juni 1960 in New York« in PP4, Seite 638.

12. »›Internationaler Dienst‹ – Rede an der Abschlussfeier der Johns Hopkins University, Baltimore, Maryland, 14. Juni 1955« in PP2, Seite 503.

13 Geistige Reife

Wir haben Hammarskjöld bereits sprechen hören von »dieser seltenen Eigenschaft der geistigen Reife«. Ich kenne niemand anderen in der modernen Politik, der einen solchen Nachdruck auf diesen besonderen Charakterzug gelegt hat. Schon im frühen Verlauf seiner Amtszeit als Generalsekretär sprach er erstmals über dieses Thema in einer Jahresendansprache 1953 vor seinen Sekretariatskollegen und -kolleginnen in Genf:

> Das Gewicht, das wir tragen können, wird nicht bestimmt von unserer physischen Stärke oder der Breite unserer Wählerschaft. Es ergibt sich allein aus dem Vertrauen in unsere Unparteilichkeit, aus unserer Erfahrung und unserem Wissen sowie aus der Reife unseres Urteilsvermögens. Diese Eigenschaften sind unsere Waffen, keine Geheimwaffen zwar, aber ebenso schwierig zu schmieden wie Gewehre und Bomben.[1]

Für Hammarskjöld ist geistige Reife nicht ausschließlich eine stille Eigenschaft, obschon sie die Fähigkeiten impliziert, die Dinge aus der richtigen Perspektive zu betrachten und zu reflektieren. Sie drückt sich auch aus im Bestreben, an den auftauchenden Schwierigkeiten geistig zu wachsen und ihnen mit Verstand zu begegnen, sowie im Verlangen, Situationen richtig

1. »›Die Waffen des Sekretariats‹, Botschaft zum Tag der Angestellten der Vereinten Nationen am 4. Dezember 1953 in Genf« in PP2, Seite 193.

und fruchtbringend zu verstehen. Sie schließt auch ein Gefühl von Zugehörigkeit mit ein, ein Handeln, wie diejenigen gehandelt hätten, die wir aufrichtig bewundern. Einige dieser Eigenschaften erwähnte er in seinem Kommentar anlässlich des Festkonzerts zum Tag der Vereinten Nationen 1955, der jährlichen Feier der Ratifizierung der UN-Charta am 24. Oktober 1945: für Hammarskjöld eine willkommene Gelegenheit, aus dem Herzen zu sprechen:

> Was sind schon zehn Jahre auf dem langen Weg der Menschheit von einem Leben unter dem Gesetz des Dschungels bis zur vollständigen Umsetzung der Ideale ihrer größten Geister aller Zeiten? Allgemein gesagt, stimmt es wohl, dass der Mensch in der Entwicklung seiner geistigen und moralischen Reife seinen technischen Errungenschaften weit hinterherhinkt. Im Großen und Ganzen mag dies zutreffen – aber nicht auf jene wenigen, die in ihrem persönlichen Leben oder als Anführer gezeigt haben, wie Menschen miteinander wahrhaft in Frieden leben können. Obwohl wir erst am Beginn unserer Anstrengungen stehen, die Welt, die nun die unsrige ist, zu meistern, haben wir in den Leben und den Lehren dieser Menschen gesehen, wie der Weg zur Meisterschaft verlaufen sollte.[2]

In Hammarskjölds Vision einer funktionierenden Welt schwingt eine gewisse Angespanntheit mit. In einer seiner leidenschaftlichsten Klagen – in Form einer persönlichen Notiz nach einem offenbar langen Tag vergeblicher Redebeiträge in der UN-Vollversammlung – legte er Zeugnis ab von der Macht der Worte, aufzubauen oder zu zerstören:

2. »Bemerkungen am Konzert zum Tag der Vereinten Nationen am 24. Oktober 1955 im UN-Vollversammlungssaal in New York« in PP2, Seiten 620–621.

Respekt vor dem Wort ist das erste Gebot in der Disziplin, in der ein Mensch zur Reife erzogen werden kann – intellektuell, emotional und moralisch.

Respekt vor dem Wort – es mit größter Sorgfalt und mit unbestechlicher Wahrheitsliebe zu gebrauchen – ist unbedingt erforderlich, wenn eine Gesellschaft oder die Menschheit auch nur ein wenig wachsen sollen.

Das Wort zu missbrauchen, heißt, die Menschen zu verachten. Es untergräbt die Brücken und vergiftet die Brunnen. Es lässt den Menschen auf dem langen Weg seiner Evolution zurückirren.

»... jedes nichtsnutzige Wort, das sie reden.«[3]

Bibelzitate hatte er schnell zu Hand; ich bezweifle, dass er dafür in der Schrift nachschlagen musste. In diesem Fall spielt er auf Matthäus 12.36 an: »Ich sage euch aber, dass die Menschen Rechenschaft geben müssen am Tage des Gerichts von jedem nichtsnutzigen Wort, das sie reden.« Er musste es richtig sattgehabt haben.

Angespannt war Hammarskjöld während seiner Jahre bei den Vereinten Nationen immer. Nicht, dass er nicht gelacht und an Menschen und Ereignissen Freude gehabt hätte; wer ihn kannte, empfand seine Gesellschaft als äußerst angenehm. Aber die Angespanntheit war da, wenn sie gebraucht wurde, um, wie man so schön sagt, »den Raum zu halten« für die Konzentration, für das Lernen und für das Handeln. Auch im Herbst 1960, als sich die Krise im Kongo entzündete, die bitterste und tödlichste, mit der er es zu tun hatte, sprach er über rigoroses Denken und Handeln: »Im Verlauf eines Experiments der internationalen Zusammenarbeit wie diesem zählt jeder Tag, zählt jede Handlung, ja, es kommt sogar auf jedes

3. *Tagebuch,* 1. August 1955.

einzelne Wort an beim Erreichen dessen, wonach das letztendliche Resultat beurteilt werden wird.«[4]

Das Thema der Reife war für Hammarskjöld nicht bloß eine Frage der äußeren Führungskunst. Sein Tagebuch, das auf eigenen Wunsch erst nach seinem Tod veröffentlicht wurde, bietet Einblicke in sein inneres Ringen als junger Mann, mehr als nur seine Bürde an Dämonen abzulegen. Obwohl ein brillanter Staatsbeamter, betraut mit immer komplexeren Aufgaben in der Regierungsarbeit und den internationalen Beziehungen Schwedens nach dem Krieg, war er mit sich selbst nicht zufrieden. Äußerliche Erfolge stärkten nicht sein innerliches Wohlbefinden. Ein innerer Friedensschluss mit dem, was er war, wer er war, sollte ihm nicht vergönnt sein – außer in der Wildnis des hohen Nordens und sicherlich zu gewissen Zeiten im Gebet, in der stillen Lektüre oder im Beisammensein mit Freunden. Es war ihm nicht vergönnt bis zu jenem Tag, als seine Berufung in die Vereinten Nationen unerwartet in das einbrach, was wohl als ein Leben glänzender äußerer Erfolge und inneren Überdrusses weitergegangen wäre. Ab da begann er zu verstehen, und wie es scheint in Wellen der Einsicht. Er war weitaus bereiter für eine globale Verantwortung, als ihm selbst bewusst war. Er bedurfte eines Rufes, allerdings ohne irgendwelche Erwartung, dass ein solcher auch kommen würde. Irgendwo in Ananda K. Coomaraswamys Übersetzung der Upanischaden findet sich die Zeile: »Darin liegt die Größe des Großen, dass sie so lange Zeit schon in ihm schlummerte.« Etwas derartiges sollte sich auch für Hammarskjöld bei seinem Übergang ins hohe Amt als wahr erweisen.

In den Wochen vor seinem Amtsantritt anfangs April 1953 und in den ersten Wochen danach dachte

4. »Bemerkungen anlässlich der Enthüllung des Portraits von Trygve Lie [des ersten UN-Generalsekretärs] am 21. November 1960 in New York« in PP5, Seite 294.

5. *Tagebuch,* 1953.

er viel über Reife nach. Sie hatte sich in seinem Inneren gezeigt, wollte aber noch besser verstanden werden. In seinem Tagebuch notierte er:

> Reife: auch – seine eigene Stärke nicht ängstlich zu verbergen und folglich unter seinen besten Möglichkeiten zu leben.
>
> [...]
>
> Reife: auch eine neue Bewusstheit deiner selbst – eine, die du nur erlangen kannst, wenn du dir selbst vollkommen gleichgültig geworden bist aufgrund eines völligen Einverständnisses mit deinem Schicksal.
>
> Wer sich selbst in die Hand Gottes gegeben hat, steht den Menschen frei gegenüber: Er ist mit ihnen im Frieden, weil er ihnen das Recht gegeben hat zu urteilen.[5]

Bemerkenswert ist hier seine Erkenntnis der Notwendigkeit, andere urteilen zu lassen, wie sie wollen, und von diesen Meinungen frei zu sein, außer es handle sich um gut gemeinte, ehrliche Beiträge. Hammarskjölds Weg zu dieser entscheidenden Freiheit war teilweise tiefreligiös. Ist dies ein Weg, der in der heutigen Politik vielen Männern und Frauen guten Willens offensteht? Ich denke nicht. Er bedarf einer bestimmten inneren »Formel«, über die nicht jeder verfügt. Hier gelangt der Weg an eine offensichtliche Gabelung, an der Hammarskjölds gläubige Veranlagung ihn in die eine Richtung zu innerer Freiheit und echtem Dienen führt, und viele andere, die nicht weniger guten Willens und menschlicher Anteilnahme sind, eine andere Route einschlagen müssen. Die unterschiedlichen Pfade werden sich im weiteren Verlauf wieder vereinen; diese Möglichkeit besteht – und auf den späteren Seiten werden wir ihr nachgehen.

In seiner hervorragenden Rede an der Universität Cambridge im Jahr 1958 bezeichnete Hammarskjöld geistige Reife als unbedingt erforderlich, wenn wir größere Übergänge ausgeglichen meistern wollen. Sein konkretes Thema war das Entstehen neuer Nationen als Folge der Dekolonisation und des damit einhergehenden schwindenden Einflusses der vormaligen Kolonialmächte, doch sein Gedankengang geht weit darüber hinaus:

> Wir dürfen uns sicherlich darüber freuen, dass wir die ersten Schritte getan haben in Richtung der Schaffung einer internationalen Demokratie der Völker, die alle Nationen – unabhängig von ihrer Geschichte, ihrer Größe oder ihrem Wohlstand – auf gleichberechtigter Basis als Partner im großen Unterfangen zusammenbringt, eine echte Weltgemeinschaft entstehen zu lassen. Aber es waren nur die ersten Schritte, und sie waren häufig schmerzvoll. Aufseiten jener, die Rechte aufgeben, ist eine geistige Reife nötig. Und auch aufseiten derer, die neue Rechte erlangen, braucht es eine geistige Reife. Hoffen wir, dass die notwendigen geistigen Fähigkeiten auf allen Seiten sich in einem wachsenden Maße zeigen werden.[6]

6. »›Die Mauern des Misstrauens‹ – Ansprache an der Cambridge University, England, 5. Juni 1958« in PP4, Seite 91.

14 Das Böse

»Im Bewusstsein des Bösen und der Tragik des individuellen Lebens, wie auch im Bewusstsein, dass das Leben würdevoll gelebt sein will.«[1] Dieser Satz aus seinem Tagebuch steht als Epigraf am Anfang unseres Vademecums über Hammarskjölds Gedankenwelt. Ich wollte Ihnen diese Worte und ihren Klang so frühzeitig wie möglich unterbreiten. Sie verkörpern einen Mittelweg, so wie er selbst es tat. »In einer höchst offensichtlichen Weise lebe ich genau in der Mitte des Stromes«, schrieb er 1958 an einen Freund, »und bin gezwungen, meine Nerven so zu bewahren, dass sie angesichts der vielen üblen und wenigen guten Dinge, die uns Tag für Tag den bedrohlichen Weg der Menschheit hinabtreiben, so genau und flink reagieren, wie es eben nur geht.«[2]

In seinem 1955 notierten Leitfaden, den wir im Kapitel 6 erwähnt haben, drückte Hammarskjöld seine Überzeugung aus, dass »eine kompromisslose ›Redlichkeit‹ zum Grund der Anständigkeit gelangt, die zu finden du immer erwarten solltest, sogar unter dicken Schichten von Bosheit.« Blieb dieser Glaube standhaft in den Nervenproben, die noch kommen sollten, insbesondere während der Kongokrise, die er einst das »Kongo-Inferno«[3] nannte? Nicht in den Augen seines engen Freundes, des Künstlers Bo Beskow, der im Frühsommer 1961 einige Zeit bei Hammarskjöld in New York verbrachte:

1. *Tagebuch,* 8. Februar 1959
2. Brief an Eyvind Johnson vom 31. Januar 1958, KB.
3. Bo Beskow: *Dag Hammarskjöld: Strictly Personal – A Portrait,* Garden City, NY: Doubleday, 1969, Seite 167.

> Wie ich es immer tat, wenn wir uns wieder trafen, fragte ich ihn: »Glaubst du noch immer an den Menschen?« Womit ich den Einzelnen an sich meinte, nicht eine Clique oder die Masse oder politische Parteien. Bis dahin hatte Dag immer positiv geantwortet, doch dieses Mal blickte er traurig und nachdenklich drein und entgegnete: »Nein. Ich hätte das nie für möglich gehalten, doch seit Kurzem habe ich erkannt, dass es wirklich üble Menschen gibt – durch und durch bösartige –, ganz und gar böse.«[4]

Zu keiner Zeit während seiner Jahre bei den Vereinten Nationen schloss Hammarskjöld sich vom Schicksal der Menschheit aus, vom lebenslangen Ringen um Gewissenhaftigkeit. Sein Tagebuch berichtet von seinen unzähligen Konfrontationen mit sich selbst. »Was?«, schrieb er einmal. »*Er* will jetzt *mich* lehren? – Warum nicht? Es gibt niemanden, von dem du nichts lernen kannst. Vor Gott, Der aus allen Menschen spricht, bleibst du auf immer in der ersten Klasse der Grundschule.«[5] Das war eine Mahnung an sich selbst. Und als im Herbst 1956 die Suezkrise ausbrach, fand er in den Psalmen, die er in seinen späteren Jahren unter allen Schriften am häufigsten las, die Zuversicht und den Ansporn, die er angesichts der Dringlichkeit für seine Standhaftigkeit brauchte. Zum Beispiel in den Psalmen 4 und 37: »In Frieden will ich mich niederlegen und schlafen, denn Du allein, Herr, lässt mich sicher wohnen.« »Sei still vor dem Herrn [...] erhitze dich nicht, es bringt nur Böses.«[6]

Hier spricht kein Mensch, der sich leichtfertig über die hässliche Welt erhebt; er war in sie verstrickt. Er hielt sich eng an seine inneren und äußeren Erfahrungen – seine Impulsgeber in die eine oder ande-

4. Ebenda, Seite 181.
5. *Tagebuch*, 1955.
6. *Tagebuch*, 1.–7. November 1956 (Ps 4.8 und 37.7–8.)

re Richtung –, auf dass er dem Guten besser dienen konnte, ohne zum Bösen hingezogen zu werden. Als sich am Suezkanal eine vernünftige Lösung abzeichnete, mahnte er sich selbst zur Vorsicht: »Als Luzifer sich zu seinem engelhaften Verhalten selbst beglückwünschte, wurde er zum Werkzeug des Bösen.«[7] Die Straffheit, mit der er die Arbeit der Vereinten Nationen während seiner Amtszeit führte, hing zusammen mit der Straffheit in seinem Inneren.

1954 zeichnete er in einer Rede an der Abschlussfeier der Universität von Pennsylvania das große Bild, von dem er wusste, dass es zutraf:

> Es heißt […], unsere Zeit sei die Epoche des Entscheidungskampfs zwischen Freiheit und Tyrannei. Es ist wahr, dass ein solcher Kampf tobt. Doch er wird schon seit jeher ausgetragen, und ich denke nicht, dass man mich mit Recht einen Pessimisten schimpfen könnte, wenn ich meinem Glauben Ausdruck verleihe, dass dieser Kampf nie vorbei sein wird. Er wird weiter andauern, Generation um Generation, solange Menschen Menschen sind. Zudem ist er im Grunde genommen kein Kampf zwischen politischen Systemen und Ideologien, sondern ein inneres Ringen um die Herzen der Menschen, einschließlich des unseren. Ein schwedisches Sprichwort lautet, es sei immer einfach, den Teufel zu bekämpfen, wenn man ihn erst an die Wand gemalt hat. Doch sollten wir nie vergessen, dass der wahre Teufel auch in uns selbst stecken mag und umso gefährlicher sein kann, weil wir ihn nicht erkennen.[8]

Ungefähr sechs Monate nach dieser Rede vor Universitätsstudentinnen und -studenten sprach er vor

7. *Tagebuch,* 1.–7. November 1956.
8. »Aus einer Rede an der Abschlussfeier der University of Pennsylvania, Philadelphia, 13. Februar 1954« in PP2, S. 256–257.

einem religiösen Gremium auf eine Weise, die eine Idee davon gibt, wie das innere Ringen und der Kampf um die Herzen der Menschen geführt werden sollten. Mit seinen Worten bei dieser Gelegenheit wollen wir das Thema – wenn auch, »solange Menschen Menschen sind«, nicht abschließend – beenden.

> Die Vereinten Nationen stehen – notwendigerweise – außerhalb jedes Glaubensbekenntnisses und sind dennoch ein Instrument des Glaubens. Als solches sind sie inspiriert von dem, was die großen Weltreligionen eint, und nicht von dem, was sie voneinander trennt. [...] Man könnte sagen: Was für die Vereinten Nationen als Organisation zwingend nötig ist – wie auch für die in ihnen vertretenen Regierungen und Völker –, ist ein frischer Glaube, ein Glaube, der jeden Tag erneuert wird und sich ausdrückt in unablässigem, Tag für Tag von Neuem begonnenem verantwortungsvollem Handeln für den Frieden. [...] Auf internationaler Ebene ist [...] praktisches Handeln notwendig. [...] Aber [...] es braucht auch Inspiration.[9]

Das lässt sich leicht von damals ins Heute übersetzen.

Die Krise im Kongo, die letzte zu seinen Lebzeiten, war unvergleichlich schwierig. Während langer Monate brutaler Erschütterungen und Enttäuschungen und gelegentlicher vielversprechender Fortschritte konnte Hammarskjöld zwischendurch so fröhlich und gelassen sein wie immer. »Ich denke, du wirst nicht überrascht sein zu erfahren«, schrieb er einem befreundeten Diplomaten im März 1961, »dass wir alle gesund und munter sind. Wir versuchen, die Bausteine aufzufangen, die man uns zuwirft, um sie in die Konstruktion einzubauen, und uns, falls es denn

9. »Ansprache vor der zweiten Vollversammlung des Weltkirchenrats vom 20. August 1954 in Evanston, Illinois« in PP2, Seite 353.

gelingt, vor denen wegzuducken, die wir nicht auffangen können.«[10] Doch selbst Hammarskjölds Glaube an den Glauben wurde erschüttert. In einem Brief an John Steinbeck schrieb er etwas später in demselben Frühjahr, dass, falls sie sich demnächst treffen sollten, was er hoffte, »ich dir sehr gerne von einigen Dinge erzählen würde, die ich erlebe und die die Aufrechterhaltung des Glaubens ebenso notwendig wie schwierig machen.«[11]

Doch wie er in seinem Tagebuch notierte: »Wer vom Schicksal herausgefordert wird, stört sich nicht am Kleingedruckten.«[12]

15 Von Schwindlern und Bauarbeitern

»Politik und Diplomatie sind kein dem Willen unterworfenes Geschicklichkeitsspiel, bei dem die Resultate vom Charakter der Teilnehmenden unabhängig wären«, sagte Hammarskjöld 1955 an der Abschlussfeier der Johns-Hopkins-Universität und fuhr fort:

> Die Resultate werden nicht bestimmt von oberflächlichen Qualifikationen, sondern davon, wie unbeirrbar die Akteure ihre Anstrengungen verfolgen und wie richtig ihre Ideale sind. Anders als offenbar gemeinhin vermutet, prüft keine intellektuelle Aktivität die Grundfesten eines Menschen so sehr wie die Politik. Ein Schwindler mag scheinbar leichte Erfolge in der Öffentlichkeit einfahren, doch dauerhafte Resultate erzielt nur der geduldige Bauarbeiter.

10. Brief an Sir Pierson Dixon vom 10. März 1961, KB.
11. Brief an John Steinbeck vom 20. Mai 1961, KB.
12. *Tagebuch*, 23. Juni 1957.

> [...] In der Politik wird der wahre Wert der Arbeitsresultate auch der brillantesten Geister von deren Charakter bestimmt. Denjenigen, die zu Lehrern oder Anführern berufen sind, mag ihre Intelligenz förderlich sein, doch ihre Stellung können sie nur mit ihrer Integrität rechtfertigen.[1]

Die aphoristische Kraft des letzten Satzes wird Ihnen nicht entgangen sein. Zuvor in dieser Rede hatte er gegenüber seinen Zuhörerinnen und Zuhörern eingestanden, dass sie »überrascht sein mögen von einem Verständnis des internationalen Dienstes und der durch die aktuellen zwischenstaatlichen Entwicklungen aufgeworfenen Probleme, welches sich, so wie heute mein eigenes, hauptsächlich mit der Problematik der persönlichen Moral beschäftigt.« Doch wir, nach unserer bisherigen Beschäftigung mit Hammarskjölds Einstellung zu Politik und Gewissen, sind nicht überrascht. Gemäß seiner Erfahrung hängt die Qualität des politischen Lebens von der Persönlichkeit – vom Charakter – derjenigen ab, die es bestimmen. Keine der großen Kräfte – soziale, wirtschaftliche, parteipolitische – ist stärker als das. Wenn man ihn liest und seine Auffassungen einsinken lässt, dann mögen sich indes Zweifel erheben: Woher sollten Männer und Frauen mit den Eigenschaften, die er als notwendig erachtet, denn kommen? Doch in Tat und Wahrheit müssen wir nach diesen Männern und Frauen nicht lange suchen, jeder von uns kann zumindest eine Handvoll beim Namen nennen; und nachdem wir Hammarskjöld zugehört haben, wissen wir ein wenig besser, aus welchem Holz sie geschnitzt sind.

Vortrefflichkeit kann auf eine Art ansteckend sein, genauso wie auf der anderen Seite die Korruption.

1. »›Internationaler Dienst‹ – Rede an der Abschlussfeier der Johns Hopkins University, Baltimore, Maryland, 14. Juni 1955« in PP2, Seite 507.

Eines von Hammarskjölds Lieblingsbüchern während seiner Zeit bei den Vereinten Nationen handelt von beiden: Ezra Pounds Übersetzung des chinesischen Klassikers *Mitte und Maß* aus der konfuzianischen Epoche – was für ein brillanter Titel,[2] der sich sogar als ein erfrischender Name für unseren Kodex anbieten würde. Dort las Hammarskjöld: »Eine menschliche Familie vermag, einen ganzen Staat menschlich zu machen; ein machtbesessener und verdorbener Mann kann eine Nation ins Chaos stürzen.[3] Schwindler und Bauarbeiter waren also bereits vor einer Ewigkeit am Werk.

Wo immer es die Umstände zuließen, sprach sich Hammarskjöld dafür aus, die Dinge im richtigen Verhältnis zu betrachten. Zu einer Gruppe jüngerer Studenten sagte er 1955:

> Die Suche nach dem richtigen Weg in die Welt, die wir wollen, eine Welt der Freiheit und des Friedens, lässt uns schließlich darüber nachdenken, dass jeder Einzelne von uns ein wichtiges moralisches Empfinden besitzt. Die edelsten Eigenschaften in Politik und Diplomatie sind auch die edelsten Charakterzüge im Alltagsleben. Der beste *Freiheits*kämpfer ist derjenige, der selbst eine solche innere Freiheit erlangt hat, die in ihm jeglichen Hang zur Täuschung, Unterdrückung oder Schikanierung anderer ausgelöscht hat. Der beste *Friedens*aktivist ist derjenige, der bereit ist, seinen eigenen Frieden für den der anderen zu opfern.[4]

2. Der Titel von Ezra Pounds englischer Übersetzung lautet *The Unwobbling Pivot,* was man auf Deutsch etwa als »Die nicht wackelnde Achse« oder »Der stabile Dreh- und Angelpunkt« wiedergeben könnte [A.d.Ü.].

3. CONFUCIUS: *The Unwobbling Pivot,* in der Übersetzung von Ezra Pound, New York: New Directions, 1951, Seite 59.

4. »Erklärung vor dem Jugendforum der *New York Herald Tribune,* New York, 26. März 1955« in PP2, Seite 466.

Die Messlatte könnte kaum höher gelegt werden; aber es geht nicht anders. Entweder wir versuchen, sie zu erreichen und immer und immer wieder über sie hinauszuwachsen – oder wir geben uns mit einer grauen Welt geschlagen, in der jene menschliche Familie, jenes Symbol so vieler solcher Familien, möglicherweise aussterben wird.

Es stimmt, dass Hammarskjöld durchaus nachsichtig sein konnte. »Wir alle müssen mit unvollkommenen Mitteln und menschlichen Schwächen zurechtkommen«, sagte er in einem schwierigen Moment zu seinen Kollegen, »doch auf lange Sicht hängt der Ausgang stärker von beharrlicher Prinzipientreue und Ausdauer ab als von den augenblicklichen Veränderungen der Situation.«[5] Nachsichtig sein, ja, aber nicht die Augen verschließen.

> Zukünftige Generationen werden über uns vielleicht sagen, wir hätten längst nicht erreicht, was wir uns vorgenommen haben. Mögen sie niemals zurecht behaupten, wir hätten versagt, weil es uns an Vertrauen fehlte oder weil wir engstirnigen Eigeninteressen gestatteten, unsere Anstrengungen zu durchkreuzen.[6]

Schwindler lehren Bauarbeiter: Für echte Handwerker am Bau ist das Spektakel von Politikern, die sich selbst bedienen, eine immer wiederkehrende Lektion und ein Ansporn. Aber lehren Bauarbeiter auch Schwindler? Die Antwort auf diese Frage führt uns zu einem zentralen Thema in Hammarskjölds Denken: der Selbsterkenntnis als Eigenschaft der politischen Führungspersönlichkeit und des Bauarbeiters, der wirklich dienen möchte.

5. In Brian Urquhart: *Hammarskjöld*, Seite 511.

6. »Erklärung vor der UN-Vollversammlung anlässlich seiner Wiederwahl zur zweiten Amtszeit am 26. September 1957 am Hauptsitz in New York« in PP3, Seite 665.

16 Selbsterkenntnis, Demut und emotionale Lernfähigkeit

In Kapitel 13 sind wir Hammarskjölds Betonung von geistiger Reife begegnet, die im modernen politischen Diskurs einzigartig ist. Dasselbe gilt für den Wert und die Notwendigkeit von Selbsterkenntnis, auf die keine politische Führungsfigur aus unserer Zeit einen vergleichbaren Akzent gesetzt hat. Für ihn war es das fehlende X in der Gleichung für wahre Leadership. Es ist, als sei ihm bei der Betrachtung der unzähligen Charakteristiken politischer Arbeit und politischer Akteure etwas aufgefallen, das dem allgemeinen Augenmerkt praktisch entgangen war. Etwas in dieser Richtung sagte er Ende Frühjahr 1954 den Studenten und Studentinnen am Amherst College:

> Allzu oft beschränken sich unser Lernen, unsere Erkenntnis und unsere Meisterschaft auf Techniken und wir vergessen darüber den Menschen als solchen. [...] Wenn ich in dem Zusammenhang von »Erkenntnis« spreche, meine ich nicht die, die wir aus Lehrbüchern erlangen können, sondern jene Erkenntnis, die wir ausschließlich dem Studium unserer selbst und unserer Mitmenschen verdanken, einem Studium, das inspiriert ist von aufrichtigem Interesse und das mit Demut verfolgt wird. Die Tür zum Verständnis des Gegenübers, mit dem Sie es vielleicht im Geschäftsleben, in der Politik oder auf dem internationalen Parkett zu tun haben werden, besteht in einem besseren Verständnis Ihrer

> selbst, denn die andere Seite ist grundsätzlich natürlich aus demselben Stoff gemacht wie Sie.
>
> Daher ist in einer praktisch zusammengewachsenen Welt keine Ausbildung umfassend, die nicht den Menschen selbst mit einschließt und die nicht geleitet wird von der Anerkenntnis der Tatsache, dass Sie Ihren Feind nicht werden verstehen können, ohne dass Sie sich selbst verstehen, und dass das Verstehen Ihres Feindes auch ein erhellendes Licht auf Sie selbst und Ihre eigenen Motive werfen wird.[1]

Diese Rede hielt er rund vierzehn Monate nach seinem Amtsantritt. Auch in einem der letzten Briefe, die er schreiben sollte, in der ersten Septemberwoche 1961, blieb das Thema zentral. Es war ein Empfehlungsschreiben für den Autor John Steinbeck, der schon bald zu einer weltweiten Lesereise aufbrechen wollte. »[John Steinbeck] ist [...] einer jener Beobachter des Lebens in unserer Generation, der spürt, dass deren Überleben von unserer Fähigkeit abhängen wird, uns selbst zu erkennen und uns, koste es, was es wolle, entschlossen an grundlegende menschliche Werte zu halten.«[2] Hammarskjöld war bewusst, dass er zu bestimmten Themen – darunter auch diesem – immer wieder zurückkehrte, und er versuchte, sie interessant zu halten. Doch er wusste, dass er sich letztlich auf mehr als nur Worte verlassen konnte: »Bestimmt werden Sie mich noch viele weitere Predigten halten hören, bevor ich jene überzeugt haben werde, falls ich das jemals schaffen sollte, die ich überzeugen möchte. Aber ich bin mir sehr sicher, dass wenn nicht ich sie überzeuge, es die Ereignisse tun werden.«[3]

1. »Ansprache zum Semesterbeginn am Amherst College vom 13. Juni 1954 in Amherst, Massachusetts« in PP2, Seiten 303–304.

2. Brief an David Ben-Gurion vom 5. September 1961, KB.

3. »Abschrift einer Pressekonferenz vom 22. Dezember 1955 in New York« in PP2, Seite 637.

In der bunten Welt am UN-Hauptsitz war es nicht immer einfach – natürlich war es das nicht –, vernünftig, konzentriert und verantwortungsbewusst zu bleiben. Einen Monat nach seiner dortigen Ankunft im Jahr 1953 beschrieb er die Szenerie in einem Brief an einen Freund als »eine Art Tausendundeine Nacht. Genauso grausam und vulgär auf der einen Seite, aber auch ebenso menschlich reich auf der anderen.«[4] Bis zu einem gewissen Punkt können wir nachverfolgen, wie sich seine Einschätzung im Laufe der Zeit veränderte. Ein weiterer Brief aus dem Spätwinter 1958 klingt, um es vorsichtig zu sagen, etwas weniger lebhaft:

> Ich möchte dir von der täglichen Arbeit hier erzählen mit ihrem eindrücklichen Ertrag an Erfahrungen von Interessenkonflikten zwischen dem gesunden, anständigen Menschenverstand und der Dummheit von Individuen, die unter persönlichem oder ›nationalem‹ Prestigedenken schwanken in einer Welt, in der der Aktienkurs eines Politikers an der öffentlichen Meinungsbörse steht und fällt mit dem Eindruck, den er jeden Tag in den Schlagzeilen macht.[5]

Drei weitere Jahre später, im Frühling 1961, hatte er seinen Sinn für Humor noch nicht verloren, doch die Szenerie war noch immer grausam und vulgär, wenn auch weiterhin menschlich reich. Einem Freund, mit dem er vollkommen offen sein konnte, schrieb er:

> Um sechs Uhr heute früh haben wir die fünfzehnte Sitzung der Vollversammlung zu Grabe getragen nach verschiedenen politischen und moralischen Stripteasenummern – vorgetragen von einigen nicht sehr gut gebauten Persönlichkeiten. Nun sollte ich mich wohl für vierund-

4. Brief an Bo Beskow vom 3. Mai 1953, KB.
5. Brief an Eyvind Johnson vom 12. März 1958, KB.

> zwanzig Stunden etwas »ausruhen«, bevor ich versuchen werde, all das aufzuräumen, was in Unordnung gebracht wurde während dieser eigenartigen Sitzung, die zumindest aus meinem Blickwinkel durchaus fruchtbar war.[6]

Von Zeit zu Zeit musste Hammarskjöld sich selbst ins Gebet nehmen, um die Selbstdarstellungen der unsympathischsten Mitglieder seiner säkularen Pfarrgemeinde am UN-Hauptsitz zu tolerieren. »Die ›Männer der Stunde‹, die Selbstsicheren, die unter uns einherstolzieren im klimpernden Geschirr ihres Erfolges und ihrer Wichtigkeit – wie kannst du dich von denen reizen lassen? Lass sie sich an ihrem Triumph erfreuen – auf der Stufe, auf die er gehört.«[7] Er scheint sie sich als Zirkuspferde vorgestellt zu haben. Eine von Hammarskjölds Selbstermahnungen hinsichtlich der Männer in klimperndem Geschirr schwingt deutlich tiefer als die soeben vernommene unterhaltsame, gereizte Bemerkung. Hier taucht er sozusagen tiefer ein, weit hinab unter den Witz, die Gereiztheit oder jede oberflächliche Attitüde, und macht eine eindrucksvolle Entdeckung. »Wenn du gereizt bist von seiner ›hochgestochenen‹ Art«, schrieb er in sein Tagebuch, »offenbarst du den Charakter deiner eigenen; dann *muss es ja so sein,* dass er wächst und du schrumpfst. Wähle, wen du dir zu deinen Gegnern nimmst. Dir Gedanken zu machen über die falschen, kannst du dir nicht leisten; aber den richtigen musst du helfen, *hilf* ihnen und dir selbst in einem Wettstreit ohne Anspannung.«[8] In diesem komplexen Gedankengang drückt sich seine ganze Orientierung als politisch aktiver Mensch aus. Zuerst anerkennt er seine eigene emotionale Verletzlichkeit; als Nächstes übt er Selbstkritik; dann akzeptiert er sich, fast ein wenig sich selbst zum Trotz, so als ob

6. Brief an Bo Beskow vom 22. April 1966, KB.
7. *Tagebuch,* 30. August 1956.
8. *Tagebuch,* 25. Dezember 1955.

das Unvermögen, sich über kleinliche Gefühle zu erheben, nichts Besseres verdiene, als dass man selbst kleiner werde, während der Widersacher wächst; und schließlich folgt die reine Magie des tieferen Verstehens und erneuerten Engagements. Wähle deine Gegner, aber vergeude nicht deine Zeit mit dem Vertreiben der Hunde, wie wir es weiter oben ausgedrückt haben. Was bedeutet es, den richtigen Gegnern zu helfen, was soll das heißen, ihnen und dir selbst in dem zu helfen, was er einen »Wettstreit ohne Anspannung« nennt? Welche vorherige Disziplin bereitet dich auf einen solchen Wettkampf vor? Ist das nicht viel zu anstrengend, als dass es eine spontane, unvorbereitete Haltung sein könnte? Ich stelle all diese Fragen, weil ich denke, dass jeder, der die Situation kennt, mit der dieser nachdenkliche Tagebucheintrag beginnt, auch erkennen wird, dass die Antworten nur sehr individuell sein können und der persönlichen Erfahrung entspringen müssen.

Zu Beginn dieses Vademecums haben wir uns gefragt, was Hammarskjöld damit gemeint haben könnte, dass wir geistig frei sein sollten. Diese Passage liefert dazu einen weiteren Hinweis. Auffallend sind dabei Elemente der christlichen Lehre, sowohl die Demut als auch Jesu Ratschlag der Feindesliebe. Aber auch Elemente aus der Bhagavad Gita, einer Schrift aus dem Hinduismus, die Hammarskjöld sehr vertraut war – und wahrscheinlich ebenso Elemente aus den chinesischen Klassikern. Ich weiß nicht wo, wenn nicht in asiatischen Quellen, er erstmals mit der Vorstellung der Entspannung und inneren Ruhe im Angesicht von Konflikten in Berührung gekommen war. Jedenfalls lebten diese uralten Traditionen in ihm wieder auf. Er hatte sie sich selbst erschlossen – ein psychologischer wie auch ein spiritueller Gewinn –, doch es war ebenso eine Einladung an andere, dieses Terrain zu erforschen.

Schon seit Beginn seiner Karriere als globale Führungsfigur hatte Hammarskjöld viel über Demut nachgedacht. Auch wenn er aufstieg, wollte er sich instinktiv seine Fähigkeit bewahren, wieder zu fallen – zurück in eine innere Freiheit, von der er wusste, dass sie mit Demut zusammenhing. Die erste diesbezügliche Einsicht in seinem Tagebuch könnte kaum schlichter formuliert sein: »Die Demut, die sich einstellt, weil andere dir vertrauen.«[9] Später in seiner Amtszeit als Generalsekretär kehrte er zu dem Thema zurück, wiederum schlicht und mitfühlend: »Deine Stellung gibt dir niemals das Recht zu befehlen. Sie auferlegt dir lediglich die Pflicht, so zu leben, dass andere deine Anweisungen annehmen können, ohne gedemütigt zu werden.«[10] Im Gespräch mit seinen Sekretariatskollegen und -kolleginnen zu Beginn seiner zweiten Amtszeit im April 1958 erinnerte er sich seiner Empfindungen bei seinem Amtsantritt fünf Jahre zuvor:

> Ich wusste nur eins, und zwar, dass niemand mehr zu tun vermag als das, was in seiner Macht steht; und meine einzige Absicht war, genau so viel zu tun. [...] Ich wusste, es gibt eine Sache, die ein Mensch niemals verlieren sollte, und zwar seine Selbstachtung. Und falls da auch nur etwas war, [...] was ich mir vor fünf Jahren selbst versprach, dann war es dies: Was auch geschieht, bleib dir selber treu, sodass du mit dem zufrieden sein kannst, was du getan hast, wie auch immer es ausgeht.[11]

Was für ein Zeugnis von Bescheidenheit.

Bei einer Gelegenheit rückte Hammarskjöld das Thema der Demut in einen Kontext, der mehr mit seinem spirituellen Weg zu tun hatte – *seinem* Weg eines Politikers. Darum soll es im nächsten Kapitel

9. *Tagebuch*, 1953.
10. *Tagebuch*, 1955.
11. »Personalversammlung zu Beginn seiner zweiten Amtszeit am 10. April 1958 in New York« in PP4, Seite 66.

gehen, doch ein Teil jenes Statements gehört hierhin. Es drückt in klassischen Begriffen die Versöhnung aus zwischen der Demut und all dem, was erreicht werden muss – was sozusagen *uns* braucht, damit es erreicht werden kann. Im folgenden Zitat bedeutet »Zurückhaltung« nicht Selbsterniedrigung; es bedeutet eine radikale Abwesenheit von Egotismus und eine vollständige Anwesenheit von tauglicher Intelligenz. An seinem vierundfünfzigsten Geburtstag schrieb er in sein Tagebuch:

> In der Zurückhaltung der Demut ein Nichts zu sein; und dennoch um der Aufgabe willen *ihr* ganzes Gewicht und *ihre* Dringlichkeit in deinem Verhalten zu verkörpern als derjenige, der aufgerufen ist, sie zu erledigen. [...] Über ein solches Leben fegen die Windstöße von Lob und Tadel, von Erfolg und Missgeschick hinweg, ohne eine Spur zu hinterlassen oder sein Gleichgewicht zu stören.[12]

Das Ideal mag allzu hoch sein, manchmal auch für ihn, doch so sind nun mal Ideale und das, was sie interessant macht. Die Einsicht, dass die Aufgabe uns alles abverlangt, dafür aber Würde verleiht, scheint mir bewahrenswert. Würde und Gewicht gehören zur Aufgabe, und aus diesem Grund sind wir selbst tief in unserem Inneren von den Auswirkungen von Lob und Tadel frei. Die Möglichkeit dieser Freiheit ist keine geringe Sache – und keine Ironie bezüglich unserer Grenzen und keine Selbstkritik können sie verbauen. »Eins mit deiner Aufgabe, ganz in deiner Pflicht der Stunde.«[13] Worte aus dem Jahr 1957 mit einem weiteren Aufruf – an sich selbst und an alle.

Der politische Alltag kann oder sollte eine andauernde Schulung sein. Zweifellos ist Bildung zum Teil intellektuell: Politisches Führungspersonal, das sei-

12. *Tagebuch*, 29. Juli 1959.
13. *Tagebuch*, 6. Oktober 1957.

nen Job gut machen soll, muss sich zunächst einmal neue Kenntnisse aneignen als Basis für richtige und vernünftige Entscheidungen. Urquhart schreibt, wie überrascht er gewesen sei von Hammarskjölds Fähigkeit, auch auf unzugänglichen Gebieten genügend Bescheid zu wissen – etwa über die Versicherungspraktiken im Seefrachtgeschäft auf dem Suezkanal oder über die Technologie von Atomwaffen –, um bei wichtigen Entscheidungen eine Rolle spielen zu können. Alle öffentlichen Führungsfiguren stehen vor der Herausforderung, Neues zu lernen. Aber es braucht noch etwas mehr: emotionale Lernfähigkeit.

Ich habe den Eindruck, Hammarskjöld bewegte sich als UN-Generalsekretär auf einer emotionalen Lernkurve, die ihn selbst überraschte; sie war nicht vorhersehbar. Obwohl er als privilegierter Sohn eines Premierministers nie Not an Leib und Leben gelitten hatte, musste er sich als junger Mann verschiedentlich aus heftigsten Gefühlsstürmen retten und in Sicherheit bringen. Und er besaß eine ausgeprägte Fähigkeit und mühelose Art, Freunde zu finden. Auf all dies konnte er zurückgreifen, als er zu den Vereinten Nationen kam. Es war der Beginn seiner emotionalen Reife. Doch seine Begegnungen mit der bitteren Not der einfachen Menschen auf seinen Missionen rund um die Welt erschütterten ihn tief und lehrten ihn viel. In einer Rede im Winter 1954, noch vor Beginn seiner intensiven Reisetätigkeit, hatte er vor einer Gruppe von Studentinnen und Studenten das menschliche Leid bereits aus dem Blickwinkel einer gewissen Vertrautheit zum Thema gemacht: »Es ist unsere Pflicht, für einen Krieg in einem abgelegenen Teil der Welt eine ebensolche moralische Verantwortung zu empfinden, wie wir es im Falle eines Krieges täten, in welchem wir selbst oder Menschen, die uns nahestehen, in einem physischen Sinne direkt betroffen wären.«[14]

14. »Aus einer Rede an der Abschlussfeier der University of Pennsylvania, Philadelphia, 13. Februar 1954« in PP2, Seite 256.

Doch ein Tagebucheintrag über ein Jahr danach belegt, dass sich in der Zwischenzeit etwas in ihm verändert hatte. Sein Entschluss, so bewusst wie möglich zu sein, hatte bei ihm zu einer neuen Empathie geführt, zu einem größeren Vermögen, über die Grenzen seiner eigenen Person hinaus zu fühlen und zu verstehen. Mit Zitaten eines schwedischen Dichters und aus dem Markusevangelium 4.25 hielt er eine Entdeckung fest:

> »Jene, die gezeichnet sind vom Leiden, jene, die geschaut haben...« – Wenn du dich dafür entscheidest, vermagst du, in deren Bewusstsein einzutreten und – ohne durch ihre harte Schule gegangen zu sein – zu lernen, wie einer zu sehen und zu hören, »der nicht hat« und »dem man auch das nehmen wird, was er hat.«[15]

Vielleicht ist dies eine Mythenbildung; doch anders geht es nicht – selbst ins Innere eines eifrigen und eloquenten Tagebuchschreibers können wir nur bis zu einem gewissen Punkt hineinblicken. Doch etwas hatte sich dort verändert, und sollte sich im Laufe der Zeit noch weiter vertiefen.

Dafür gab es einen schönen Moment der Bestätigung anlässlich einer Pressekonferenz, die er kurz nach seiner Rückkehr von einer Reise rund um die Welt im Winter 1956 abhielt. Er begann mit Gedanken, von denen er sagte, »sie besitzen keinen Neuigkeitswert, sind aber von beträchtlicher Wichtigkeit für mich selbst und für meine Reaktionen.« Er fuhr fort:

> Diese Reise war eine große emotionale Erfahrung. Sie war eine emotionale Erfahrung, weil sie mich in Kontakt mit Menschen in sehr vielen Mitgliedsländern brachte, und zwar auf eine

15. *Tagebuch,* 1. August 1955, mit einleitenden Zeilen aus einem Gedicht von Hjalmar Gullberg.

> Weise, die erheblich beigetragen hat zu meinem Verständnis der menschlichen Aspekte jener Probleme, mit denen wir es hier zu tun haben. Ich erinnere mich an sehr viele Persönlichkeiten und sehr viele Situationen. Ich erinnere mich an den Enthusiasmus, die schiere Begeisterung der Jugendlichen in den Kibbuzim in Israel. Ich erinnere mich an die alte, einsame Frau in einem Flüchtlingslager in Beirut, ihre Angst vor Menschen, ihre Müdigkeit. Ich erinnere mich an die jungen Arbeiter in einem indischen Dorf, die am Ende eines langen Tages in einen Tanz ausbrachen mit einer Lebensfreude, die über alles hinausging, was ich jemals gesehen habe. Ich erinnere mich an die betagten Frauen in der Friedenspagode in Rangun, die mit Blumen in den Händen für Frieden beteten – mittellose, arme Menschen, die nicht viel kennen vom Lauf dieser Welt, aber wissen, dass sie ohne Frieden keine Zukunft haben.[16]

Manchmal sollte man die Vorstellung eines Kodexes beiseitelegen. Die Erfahrungen von bewussten und menschlichen politischen Führungspersönlichkeiten gehen über alles Formelle und alle festgelegten Strukturen hinaus. Doch wenn man ein zweites Mal hinschaut, nachdem man sich eingestanden hat, was gewissenhafte Politiker erreichen und was solche Männer und Frauen verstehen können, erkennt man, dass sie den Kodex tatsächlich erweitert, ihm neue Dimensionen und Farben verliehen haben.

16. »Abschrift einer Pressekonferenz vom 27. Februar 1956 in New York« in PP2, Seite 681.

17 Der Weg eines Politikers

»Herr, Dein ist der Tag.
Ich bin des Tages.«[1]

Diese Zeilen, ein Tagebucheintrag von 1958, sind das Gebet eines sehr beschäftigten Menschen, der sich aber nichtsdestotrotz erinnert. Sich erinnert an das, was er als eine riesige Struktur wahrnimmt, die Himmel und Erde verbindet und trotz ihrer Unermesslichkeit innig erfahrbar bleibt, teils in jener Art von Dialog, die man »Gebet« nennt. Dag Hammarskjöld war ein zutiefst gläubiger und suchender Mensch. Religion war für ihn kein fester wöchentlicher Termin, nach welchem, so erfüllend er sein konnte, der Rest der Woche einfach der Rest der Woche blieb; und sie war für ihn kein politisches Empfehlungsschreiben. Die Religion war ihm eine Meditation, die er stets bei sich trug, eine Praxis, geleitet von den weisen und herausfordernden Worten, die er in den heiligen Schriften der Welt las und in den Texten christlicher Mystiker aus dem Mittelalter, in denen er schon vor langer Zeit seine Lehrer erkannt hatte. Wir müssten weit zurückgehen, um einen westlichen Politiker von vergleichbarer weltlicher Macht und spirituellem Verständnis zu finden – mindestens bis zu Mark Aurel, dem römischen Kaiser des späten zweiten Jahrhunderts unserer Zeitrechnung. Mark Aurel war vom Schicksal dazu bestimmt, jahrelang endlose militärische Feldzüge an den umkämpften nördlichen Grenzen des Reiches zu führen,

1. *Tagebuch,* 12. Oktober 1958.

doch in stillen Stunden verfasste er persönliche Aufzeichnungen, die unter dem späteren Titel *Selbstbetrachtungen* zu den einflussreichsten Werken der Weltliteratur zählen sollten.

Ich weiß nicht, wer Mark Aurels Aufzeichnungen für die Nachwelt bewahrte und für deren Vervielfältigung und Verbreitung sorgte. Was Hammarskjöld angeht, so erwähnte er sein Tagebuch nur gegenüber einer einzigen Person, die es schließlich auf seinem Nachttisch in New York vorfand, einige Tage nach dem Flugzeugabsturz in Afrika, bei dem Hammarskjöld und fünfzehn weitere Mitreisende in der Nacht vom 17. auf den 18. September 1961 ihr Leben verloren. Es wurde in Schweden 1963 unter dem Titel *Vägmärken* – »Zeichen am Weg« –, den Hammarskjöld dafür vorgesehen hatte, publiziert und erschien ein Jahr später auf Englisch als *Markings.* Wäre es nicht veröffentlicht worden (eine Entscheidung, die er seinem literarischen Nachlassverwalter überlassen hatte), wüssten wir heute wenig über die Spiritualität seines Verfassers und über die enge Verbindung zwischen seinen geistigen Fragen und seinem Verständnis von Politik und Diplomatie.

Wir dürfen uns Hammarskjölds Spiritualität nicht als Weichlichkeit und Trost oder als Zurückhaltung im entschiedenen Handeln vorstellen. Er fand auf den Seiten heiliger Schriften – der biblischen wie im Verlaufe der Zeit auch der indischen und chinesischen Klassiker – die Erneuerung und Erfrischung, derer er bedurfte. In den Werken Meister Eckharts und anderer mittelalterlicher christlicher Lehrer fand er Weisheiten, die ihn tief in sich selbst hineinführten, aber auch eine Ethik, die nach dem Werk draußen in der Welt und unter den Menschen verlangte. »›Warum suchst du Ruhe, wo du doch zur Arbeit geboren bist?‹«[2] Ein Zitat von Thomas von Kempen,

2. *Tagebuch,* 29. Juli 1955; ein Zitat von Thomas von Kempen (aus: *Die Nachfolge Christi,* Zweites Buch, Kapitel 10), im Tagebuch auf Französisch zitiert.

dem geistlichen Lehrer aus dem fünfzehnten Jahrhundert, zu dessen *Nachfolge Christi* er häufig griff. Darüber hinaus war er ein früher Leser von Rūmī, dem persischen Dichter aus dem dreizehnten Jahrhundert, der heute weltweit verehrt wird und in den letzten Jahrzehnten geradezu zu einem amerikanischen *poet in translation* geworden ist.

Für Hammarskjöld bildeten das Beispiel Jesu und das Edelste aus dem Christentum und dem Denken der Welt die Ausgangsbasis für seine Suche, für seine Arbeit am eigenen Wesen – an dessen Trübungen und unerforschten Abgründen – und für sein Forschen nach Klarheit über die menschlichen Angelegenheiten. Ich nehme an, er hatte seine eigene Art und Weise, Jesu Herausforderung in Matthäus 10.34 zu verstehen: »Ihr sollt nicht meinen, dass ich gekommen bin, Frieden zu bringen auf die Erde. Ich bin nicht gekommen, Frieden zu bringen, sondern das Schwert.« Das Schwert galt ihm selbst; und durch seine Bereitschaft, sich selbst zu begegnen und sich zu hinterfragen, galt der Friede den anderen. Etwas ziemlich Ähnliches haben wir ihn selbst sagen hören: »Der beste Friedensaktivist ist derjenige, der bereit ist, seinen eigenen Frieden für den der anderen zu opfern.« Für ihn bestand eine Kontinuität, die immer wieder erlangt werden musste und niemals für immer gesichert war, zwischen dem inneren Leben und der Welt des Handelns. »Blut, Schmutz, Schweiß und Erde«, fragte er einmal, »– wo finden sich diese in deiner Welt des Willens? Überall – als der Grund, aus dem die Flamme lotrecht sich erhebt.«[3] Das spricht von einer mächtigen Kontinuität, doch es muss wohl so sein, dass die Flamme deshalb aufsteigt, weil sie jemand hütet und in einer Haltung des Vertrauens und der Besorgnis geduldig auf dieses Aufflammen wartet.

Etwas vereinfacht könnte man sagen, dass Hammarskjöld seine Nachdenklichkeit auf sein Tagebuch

3. *Tagebuch*, 1954.

beschränkte. Nur mit sehr wenigen vertrauten UN-Kollegen tauschte er Gedanken über solche Themen aus; zu ihnen zählten George Ivan Smith, sein australischer Kommunikationschef; Rajeshwar Dayal, ein indischer Diplomat, der ihn in wichtigen Krisen eng unterstützte; sowie Ahmed Bokhāri, ein pakistanischer Diplomat und Gelehrter, für den er uneingeschränkten Respekt und große Herzlichkeit empfand. Diese kurze Liste sollte noch um Susheela ergänzt werden, die Ehefrau des Gesandten Dayal. Hammarskjöld war von Natur aus zurückhaltend, doch er hatte schon früh in seiner Zeit bei den Vereinten Nationen gelernt, dass keiner von ihm erwartete, dass er über spirituelle Themen sprach, und auch nur sehr wenige ein Ohr dafür hatten. Der eindeutige Beleg dafür ergab sich in einem Radiovortrag im November 1953 auf Einladung von Edward R. Murrow, Amerikas bekanntestem Journalisten und Talkmaster, der führende Persönlichkeiten in seine Sendung "This I Believe" einzuladen pflegte und sie nach ihren Überzeugungen, ihren Wertvorstellungen und Glaubensgrundsätzen befragte. Hammarskjölds Vortrag war schlichtweg grandios. Er sprach vom Einfluss seiner schwedischen Vorfahren – Soldaten, Politiker, Autoren und Geistliche – und schilderte mit höchster Klarheit die Quellen aus der christlichen Tradition, die ihn tief geprägt hatten:

> Die [...] Ideale, welche die Welt meiner Kindheit dominierten, haben mich harmonisch eingestimmt und vorbereitet auf die Anforderungen unserer heutigen Zeit im Sinne der Ethik eines Albert Schweitzers, in welcher das Ideal des Dienens von der Grundhaltung, die dem Menschen in den Evangelien vorgelebt wird, gestärkt wird und im Gegenzug wiederum diese stärkt. In seiner Arbeit fand ich zudem einen Schlüssel für den Zugang des modernen Menschen zur Welt der Evangelien.

Aber die Erklärung dafür, *wie* der Mensch ein Leben des aktiven Dienstes an der Allgemeinheit in voller Harmonie mit sich selbst als einem Mitglied der Gemeinschaft des Geistes leben kann, fand ich in den Schriften jener großen Mystiker aus dem Mittelalter, für die die »Selbstaufgabe« der Weg zu Selbsterkenntnis darstellte und die in der »Ungeteiltheit des Geistes« und in der »Innerlichkeit« die Kraft fanden, Ja zu sagen zu jeder Anforderung, vor welche die Not ihrer Nachbarn sie stellte, und auch Ja zu sagen zu jeglichem Schicksal, welches das Leben für sie bereithielt, wenn sie dem folgten, was sie als den Ruf der Verpflichtung verstanden. »Liebe« – dieses oft missbrauchte und falsch interpretierte Wort – bedeutete für sie einfach ein Überfließen jener Kraft, von der sie sich erfüllt fühlten, wenn sie in wahrer Selbstvergessenheit lebten. Und diese Liebe fand ihren natürlichen Ausdruck in einer bereitwilligen Pflichterfüllung und vorbehaltlosen Akzeptanz des Lebens, ganz egal, was es ihnen persönlich bescherte an Plackerei, Leid – oder Glück.

Ich weiß, dass das, was sie über die Gesetzmäßigkeiten des inneren Lebens und des äußeren Handelns herausgefunden haben, seine Bedeutung nicht verloren hat.[4]

Der Vortrag erregte damals keine große Aufmerksamkeit, auch wenn er zusätzlich als Pressemitteilung veröffentlicht wurde und daher für jeden zugänglich

4. Dag Hammarskjöld: "Old Creeds in a New World", geschrieben für Edward R. Murrows CBS-Radiosendung "This I Believe" vom November 1953, in PP2, Seiten 195–196. Anmerkung der Übersetzer: Der heutigen Leserschaft dürfte Edward R. Murrows am ehesten bekannt sein durch sein Portrait in dem Spielfilm *Good Night, and Good Luck* von George Clooney aus dem Jahr 2005.

war. Ich glaube, dies war Hammarskjöld eine Lehre. Nur noch selten äußerte er seine Gedanken zu solchen Themen, von Zeit zu Zeit vor religiösen Gruppierungen, die ihn als Redner einluden, und kaum einmal beim den Vereinten Nationen.

Anderthalb Jahre später, an der Abschlussfeier der Johns-Hopkins-Universität im Frühling 1955, streifte er noch einmal kurz einige Themen im Zusammenhang mit dem inneren Leben, als er über ein Buch sprach, das ihn bewegt hatte, weil es behauptete, dass

> die Würde des Menschen, als eine Rechtfertigung unseres Glaubens an die Freiheit, nur dann Teil unserer Lebensphilosophie werden kann, wenn wir zurückkehren zu einem Verständnis des Lebens, gemäß dem die geistige Reife mehr zählt als äußerlicher Erfolg und gemäß dem Glückseligkeit nicht länger nach quantitativen Maßstäben gemessen wird. [...] Die abschließende Antwort [auf den Mangel an Reife] kann nicht schriftlich gegeben werden, sondern nur durch unser Leben. Es gibt keine Formel, die uns lehren könnte, wie wir zur Reife gelangen, und die Sprache des inneren Lebens kennt keine Grammatik. Diese Abhandlung führt [den Autor], so wie es die Anstrengung eines jeden einzelnen Menschen tut, schließlich an die Türschwelle, wo der Rest Schweigen ist, weil der Rest etwas ist, worüber der Mensch mit sich selbst ins Reine kommen muss. Der Rest ist Schweigen – doch die Ergebnisse des inneren Zwiegesprächs sind für alle sichtbar, sichtbar als Unabhängigkeit, Mut und Fairness im Umgang mit anderen, und sichtbar im wahren internationalen Dienst.[5]

5. »›Internationaler Dienst‹ – Rede an der Abschlussfeier der Johns Hopkins University, Baltimore, Maryland, 14. Juni 1955« in PP2, Seiten 506–507.

Dies ist Hammarskjöld in Reinkultur – und vergessen wir nicht, dass er in erster Linie zu Absolventinnen und Absolventen eines Grundstudiums an deren Diplomfeier sprach. Es war keine Rede von oben herab. Der Rest ist Schweigen; er hängt zur Gänze von einem unhörbaren inneren Zwiegespräch ab, doch das Ergebnis ist das, was die Buddhisten »richtiges Handeln« nennen – Unabhängigkeit, Mut, Fairness und mehr. Auch hier redete Hammarskjöld wieder über »die Gesetzmäßigkeiten des inneren Lebens und des äußeren Handelns«, wovon in seinem Vortrag bei Edward R. Murrow kaum jemand Notiz genommen hatte, doch diesmal hörbar und eindrucksvoll. Dass das innere Leben nach keiner Grammatik verläuft und dass der Rest eine Sache ist, die jeder und jede im Stillen mit sich selbst ausmachen muss, ist meiner Ansicht nach höchst ermutigend. Die Tür steht uns offen, nicht notwendigerweise dieselbe, durch die Hammarskjöld ging, aber eine andere, unsere eigene.

Am Hauptsitz der Vereinten Nationen war eine Gruppe von Gläubigen, die sich bereits seit einigen Jahren für die Schaffung eines »Raumes der Stille«, eines Meditations- und Gebetsraumes irgendwo im Gebäudekomplex, eingesetzt hatte, mit großer Ausdauer an Hammarskjöld herangetreten. Dank ihrer Bemühungen war bereits ein kleiner Raum eingerichtet worden, der allerdings renoviert werden musste. Ich bezweifle, dass Hammarskjöld die Renovation von sich aus angestoßen hätte, doch unter den gegebenen Umständen setzte er sich mit ganzer Kraft dafür ein, und das Resultat besteht bis zum heutigen Tag im Erdgeschoß, unweit des Besucherzentrums, sowohl als Rückzugsraum der Stille wie auch als Gedenkstätte für Dag Hammarskjöld und die vielen weiteren Menschen, die ihr Leben im Dienst der Vereinten Nationen verloren haben. Zur Eröffnung des renovierten Raumes schrieb Hammarskjöld einen kurzen Text, der heute, auf eine Bronzetafel graviert, neben dem Eingang hängt. Einige Passagen daraus erhellen uns Hammarskjölds persönliche Spiritualität etwas genauer, die zur Zeit der Einweihung im Jahr 1957 zu einem Spiegel der Spiritualität der Welt – des Ostens wie des Westens – geworden war. Was er schrieb, ist traditionell eingebetet – man hört Meister Eckhart, die Bhagavad Gita, das *Tao-Te-King* heraus – und dennoch frei von jeglicher spezifischen Tradition:

Ein Raum der Stille
Meditationsraum der Vereinten Nationen

Dieser Raum ist dem Frieden gewidmet
und jenen, die ihr Leben gelassen haben
für den Frieden. Es ist ein Raum der Stille,
in dem nur die Gedanken
sprechen sollen.

Wir alle haben in uns ein ruhendes Zentrum, umgeben von Stille. Auch dieses Haus, das der Arbeit und dem Gespräch im Dienst des Friedens gewidmet ist, sollte über einen Raum verfügen, der der Stille im äußeren und der Ruhe im inneren Sinn gewidmet ist.

Dieser kleine Raum wurde mit dem Ziel eingerichtet, einen Ort zu schaffen, dessen Türen sich öffnen mögen zum unbegrenzten Land der Gedanken und des Gebets. Darin begegnen sich Menschen vieler Glaubensrichtungen; aus diesem Grund konnte hier keines der Symbole Verwendung finden, die wir in unseren Meditationen gewohnt sind. Doch es gibt einfache Dinge, die zu uns allen in ein und derselben Sprache sprechen [...], dem Göttlichen gewidmet, das die Menschheit unter vielen Namen und in vielen Formen anbetet. [...]

Ein altes Sprichwort besagt, dass der Sinn eines Gefäßes nicht in seiner äußeren Gestalt,

> sondern in der Leere liegt. So ist es mit diesem Raum. Er ist für jene da, die hierherkommen, die Leere mit dem zu füllen, was sie in ihrem ruhenden Zentrum finden.[6]

Bedenken wir, was für ein Glück die Vereinten Nationen hatten, in ihren frühen Entwicklungsjahren von einer solch aufgeschlossenen und tiefgründigen Persönlichkeit geführt zu werden. Doch dieses Vademecum beruht auf der Überzeugung, dass Hammarskjöld, der Generalsekretär, der sich opferte, schon seit Langem uns allen gehört.

Der Rest ist Schweigen – so zitierte er Shakespeare –, aber dennoch können wir etwas erfahren über Hammarskjölds Umgang mit den »Gesetzmäßigkeiten des inneren Lebens und des äußeren Handelns«. Einigen Fixpunkten sind wir bereits begegnet: Ausgangspunkten wie Ankunftspunkten, denn in der Art geistiger Disziplin, die er praktizierte, ist vieles in Bewegung und unterliegt der Infragestellung, dem Überdenken und der Erweiterung. Das erste Prinzip, das uns aus seinen Gedanken über Selbsterkenntnis und Selbstbewusstheit vertraut ist, nennt er in seinem Tagebuch »bewusste Selbsterforschung«.[7] In einem Eintrag aus dem Jahr 1956 gibt er eine Vorstellung davon, wie er diese lebte: »Lass mich in dem Buch, das meine Tage schreiben, mit offenen Augen lesen – und lernen.«[8] Die Betonung der offenen Augen ist nicht trivial, das war grundsätzlich seine Art. Er war unnachgiebig, zumindest annähernd: Das Schwert für sich selbst, so viel Frieden wie möglich für die anderen. Im Herbst desselben Jahres schrieb er: »Unruhig, unruhig, unruhig... Warum? Weil – wenn die Gelegenheit dir die Pflicht auferlegt zu schaffen – du die Forderungen des Augenblicks bereitwillig erfüllst,

6. »Ein Raum der Stille (der Meditationsraum bei den Vereinten Nationen), Dezember 1957« in PP3, Seiten 710–711.

7. *Tagebuch,* 1950.

8. *Tagebuch,* 22. April 1956.

von Tag zu Tag. [...] Sei glücklich über deine Unruhe als ein Zeichen, dass noch Leben in dir steckt.«[9]

Ein weiterer – annähernder – Fixpunkt: Bestätigung. Auch Menschen, die nur wenig über Hammarskjöld wissen, haben wohl schon von seinem kraftvollen »Ja!« gehört, mit dem er sein neues Amt als Generalsekretär antrat. In den folgenden Jahren überdachte und erneuerte er es von Zeit zu Zeit. »Für alles, was war: Danke. Zu allem, was kommt: Ja!«, notierte er 1953 in seinem Tagebuch.[10] Einige Jahre später, 1956, prüfte er sein »Ja!« erneut und sagte es sich, wenn dies denn möglich war, mit noch größerer Überzeugung:

> Du wagst dein Ja – und erfährst eine Bedeutung.
> Du wiederholst dein Ja – und alles wird bedeutungsvoll.
> Wenn alles einen Sinn bekommt, wie könntest du anders leben als im *Ja*.[11]

Die Möglichkeit des Zweifels ist hier nicht zu übersehen: »wie *könntest* du?« Natürlich könnte man, er aber lebte sein »Ja!« bis zur Grenze des ihm Möglichen. Und das war ansteckend. In jenen Jahren wurden die Vereinten Nationen faktisch von ihm geprägt.

Eine weiterer fixer Ausgangs- und Ankunftspunkt: der gegenwärtige Augenblick, das Jetzt. Wie bereits mehrfach angedeutet, glaube ich, dass er auf den Geschmack des »jetzigen Augenblicks« stieß, als er in die Landschaft des schwedischen hohen Nordens eintauchte. Vielleicht sprang dort auch etwas von der Unmittelbarkeit und der Verwurzelung des uralten Volks der Samen auf ihn über. Was dies betrifft, revanchierte er sich, für was auch immer er ihnen an persönlichem Wachstum verdankte, indem er einen

9. *Tagebuch,* 26. August 1956.
10. *Tagebuch,* 1953.
11. *Tagebuch,* 1956.

traditionellen samischen Geschichtenerzähler und Freund, der ihn in New York besuchte, unermüdlich ermutigte, seine mündlichen Geschichten niederzuschreiben – mit dem Resultat, dass daraus ein erstaunliches Buch entstand.[12] Dass er bereits so früh auf den Geschmack für dieses »hier und jetzt« gekommen war, verhalf ihm zu der Fähigkeit zu äußerster Aufmerksamkeit, die seine Kollegen an ihm so schätzten, und floss ein in sein Dienstethos. »Alles *im* Jetzt, nichts *für* das Jetzt«, hielt er 1957 in seinem Tagebuch fest. »Und nichts für dein zukünftiges Wohlergehen oder deinen zukünftigen guten Namen.«[13] Kurz darauf kam er erneut auf das Thema: »Schau nicht zurück. Und träume auch nicht von der Zukunft. Sie wird dir weder die Vergangenheit wiederbringen, noch deine anderen Tagträume wahr werden lassen. Deine Pflicht, deine Belohnung – deine Bestimmung – sind *hier* und *jetzt*.«[14]

Ausgangs- und Ankunftspunkte gab es noch weitere: Leerheit, innere Ruhe, Stille – klassische Attribute des kontemplativen Weges östlicher wie westlicher Prägung. Die ersten Hinweise, die er brauchte, um diese in seinem Leben umzusetzen, fand er vor allem in den Schriften Meister Eckharts und Thomas' von Kempen, der christlichen geistlichen Lehrer, die ihm trotz des Abstands vieler Jahrhunderte lebendig vor Augen standen. Lesen ist eine ziemlich magische Sache: die Zeit spielt keine Rolle, was zählt, ist die Berührung. Meister Eckhart war ein eloquenter und ganz und gar strenger Lehrer, der bestens zu Hammarskjölds Temperament passte. 1956 zitierte er ihn in seinem Tagebuch und hob die Wörter hervor, die ihm betonenswert erschienen: »Ein auferhobenes Gemüt sollst du haben und ein *brennendes* Gemüt,

12. ANDREAS LABBA: *Anta: Ein Leben in Schwedisch-Lappland*, Leipzig: VEB Brockhaus, 1973; Erstpublikation in Stockholm bei Bonniers 1969.

13. *Tagebuch*, 25. Mai 1957.

14. *Tagebuch*, 1. Oktober 1957.

in dem doch eine ungetrübte, *schweigende* Stille herrscht.«[15] Es ist leicht, die Verbindung zu ziehen von diesem glühenden Aufruf zurück zu dem, was wir Hammarskjöld über die Hauptanforderungen an jene haben sagen hören, die einen Beitrag leisten wollen zur Entwicklung von Frieden und Vernunft. Wie unerwartet und wie schön, dass der größte unter den Mystikern des Mittelalters das innere Leben und das Verhalten dieses einzigartigen und einflussreichen Staatsmannes beeinflusst hat.

Die traditionelle kontemplative Wertschätzung der inneren Leere spielte in Hammarskjölds Leben eine sehr reale Rolle. Die Fäden, derer es bedurfte, um diese Wertschätzung umzusetzen, spannten sich zu ihm sowohl von Meister Eckhart als auch von alten chinesischen Quellen, die zu seiner Verwunderung beinahe mit einer Stimme sprachen. Die Leerheit, um die es hier geht, ist keine Flucht vor den Umständen und den Menschen. Sie ist, sagen wir, eine Vorbereitung dafür, sich auf die allereingehendste Art einzulassen, für eine Lebensweise, die anderen Menschen Raum lässt und es ihnen erlaubt, sie selbst zu sein. Sie ist eine Transparenz. »Geleitet werden von dem, was zum Leben erwacht«, schrieb er 1954, »wenn ›wir‹ aufgehört haben zu leben – als Interessenpartei oder Besserwisser. Fähig werden, das in uns zu sehen, zu hören und zu bemerken, was dort im Dunkel *da ist.* Und in der Stille.«[16] Hammarskjöld entdeckte, dass die stille Aufmerksamkeit, die er pflegte, mehr vom menschlichen Wesen offenbarte – von seinem eigenen und dem von anderen –, als sich ohne sie mitteilte. »Seher – und Forscher – müssen wir sein, wenn wir uns behaupten wollen.«[17] Besser als alle anderen,

15. *Tagebuch,* 25. Dezember 1956; ein Zitat aus Meister Eckharts Predigten.

16. *Tagebuch,* 1954.

17. »Ansprache am 25. Jahrestag der Eröffnung des Museum of Modern Art am 19. Oktober 1954 in New York« in PP2, Seite 375.

die ich kenne, charakterisieren diese Worte aus demselben Jahr seine Haltung. Als unzweifelhaft spiritueller Mensch, der fraglos ein aktives, dem Dienen gewidmetes Leben führte, war er zum Verständnis gelangt, dass diese beiden scheinbar ungleichen Welten gut zusammenpassten. Sein allererster Tagebucheintrag im Jahr 1957 erhellt ein wenig, wie innere Leere und ein Leben des Handelns miteinander verbunden sind: »Jeder Tag der erste. Jeder Tag ein Leben. Jeden Morgen müssen wir den Kelch unseres Wesens hinreichen, um zu empfangen, zu tragen und zurückzugeben. Er muss leer hingereicht werden – denn, was gewesen ist, darf sich nur zeigen in seinem Glanz, seiner Form, seinem Fassungsvermögen.«[18] Eine solche Leere ist die Quelle aller radikalen Erneuerung und Bereitschaft.

Bis hierhin haben wir untersucht, was man als »meditative Erwägungen« bezeichnen könnte, aber die Imperative, die sie durchziehen, leiteten Hammarskjölds Arbeit auf Verhandlungs- und Untersuchungsmissionen wie auch in der Friedenssicherung. Ein erstaunliches Beispiel dafür datiert aus dem April 1956, geschrieben in Beirut während eines Monats der Pendeldiplomatie – der ersten Praxis dieser Art in der Geschichte internationaler Beziehungen –, als er pausenlos zwischen den Hauptstädten des Nahen Osten hin- und herreiste, um mit den Staatsführern vor Ort zu konferieren. Der folgende Tagebucheintrag ist, wie so viele, sowohl ein Aufruf an sich selbst als auch eine kompakte Beschreibung einer handwerklichen Methode:

Verstehen – durch die Stille,
handeln – aus der Stille,
obsiegen – in der Stille.[19]

18. *Tagebuch,* 1957.
19. *Tagebuch,* 22. April 1956.

Wenn ich nun erwähnen würde, wie ich es muss, dass das Gebet zu Hammarskjölds Leben gehörte, wie aus seinem Tagebuch deutlich wird, und wenn ich hinzufügen würde, dass er viel über die Notwendigkeit selbstlosen Dienens nachdachte, könnten Sie gut und gerne »Stopp!« rufen. Stopp, weil ein Großteil der spirituellen Praxis, die er ausübte, Menschen des einundzwanzigsten Jahrhunderts als unzugänglich oder unattraktiv erscheint. Ich denke jedoch nicht, dass dies für alle gilt; es ist eine Frage der persönlichen Geschichte und Vorlieben. Für einige von uns ist sein Verständnis des inneren Lebens höchst relevant und wir können problemlos dessen Verbindung mit Praktiken erkennen, die heutzutage weit verbreitet sind – dem Yoga, der Achtsamkeit, dem Gebet der Sammlung und weiterem. Anderen unter uns ist es im Wesentlichen fremd; sie mögen zwar Hammarskjölds Art und Weise einer globalen Führungskunst bewundern, aber für den Rest haben sie keine Zeit, keine Geduld, kein Interesse oder keinen Bedarf.

Also stellt sich die Frage: *Wie können wir Hammarskjöldianer sein, aber auf unsere eigene Art?* Wie können wir den Werten treu bleiben, die ihm wichtig waren, und so viel wie möglich von seiner Haltung und seinen Methoden übernehmen? Sicherlich gibt es mehr als nur einen Weg, nach dem Gewissen zu leben und nach dem uralten und ewig jungen Kodex, der durch das Gewissen spricht. Sie erinnern sich, wie er voller Überzeugung darlegte, dass das innere Leben keine Grammatik kennt und dass der Weg zur Reife in einem ausführlichen inneren Zwiegespräch »mit sich selbst ausgemacht« werden muss – ich nehme an, über viele Jahre hindurch, sehr tief in unserem Innersten und ganz im Geheimen. Doch, wie er es formulierte, »die Ergebnisse des inneren Zwiegesprächs sind für alle sichtbar.« Und genau das ist es: Es ist eine Einladung, persönliche und politische Weisheit zu suchen, *wie,* aber nicht notwendigerweise *wo* er es getan hat.

Hammarskjöld war ein Durchbruch. Sein Denken und sein Verhalten im Amt stellten eine grundlegende und notwendige Erneuerung dar. Er ist ein *Vorbild* für alle, denen Aufklärung und politischer Mut im Interesse der Allgemeinheit am Herzen liegen. Es gibt so viel, was wir von ihm lernen können. Doch sollten wir ihn uns nicht zum *Muster* nehmen. Es besteht ein Unterschied zwischen Anerkennung und Nachahmung. Anerkennung führt uns dazu, dass wir uns selbst finden, dass wir das Vorbild würdigen, ohne dass wir uns an der unmöglichen und unsinnigen Aufgabe versuchen, so zu sein und so zu tun, wie er oder sie war und tat. Die klassische Frage, die sich bei den Vereinten Nationen noch heute einige stellen – Was würde Dag tun? –, ist eine Einladung nachzudenken, nicht nachzuahmen.

Hammarskjölds Vorbild ist komplex und herausfordernd. Viele seiner Aspekte, denke ich, lassen sich nicht leugnen. Wie er politische Beziehungen als eine Übung in Aufmerksamkeit und zurückhaltender, aber bereitwilliger Empathie verstand und lebte, stellt eine große Herausforderung dar. Eine große, aber nicht unmögliche: Unsere heutige Kultur verfügt über Mittel und Wege, wie wir uns dieser Herausforderung stellen können. Beispielhaft sind seine außerordentlich gute Bildung und sein breites und tiefes Verständnis der menschlichen Angelegenheiten. Einige besitzen heute das Privileg einer vergleichbaren Erziehung und lebenslanger Weiterbildung, die Hammarskjöld für so notwendig hielt; andere, denen keine vergleichbar guten Bildungschancen offenstehen, werden ihren Weg dennoch finden, dank dem, wer sie sind und was ihnen wichtig ist.

In Kapitel 13 habe ich meine Überzeugung dargelegt, dass der – zutiefst und vielseitig religiöse – Weg Hammarskjölds sich im weiteren Verlauf wieder mit den Pfaden vereinigen werde, die andere Menschen nehmen, die, genauso pflichtbewusst wie er, andere Wege einschlagen. Wie? Blicken Sie in die Augen ihres Kindes oder Enkelkindes, ihrer Nichte oder ihres Neffen. Betrachten Sie, wie sie leben, spüren Sie, was sie beschäftigt, was sie hoffen, was sie brauchen für eine gesunde Zukunft, die nicht allein die ihrige sein kann. Wenn sie gedeihen sollen, müssen auch die Stadt, die Nation, die Beziehung der Nationen untereinander gedeihen. Wenn die familiäre Verwandtschaft der Menschheit und unsere Verantwortung für das Wohlergehen des Planeten tiefgreifend verstanden werden, kann sich der Rest ergeben. Es mag Ihnen etwas hilflos erscheinen, in Kinderaugen zu schauen. Ich kenne nichts Machtvolleres. Dann weiß ich, was als Nächstes zu tun ist. Vielleicht stimmt es, dass wir uns mindestens um den Erhalt »der nächsten sieben Generationen« kümmern sollten – wie die Irokesen sagen –, doch müssen wir sicherlich mit der nächsten Generation beginnen.

Ich glaube, dass die Weltanschauung des einundzwanzigsten Jahrhunderts, die Richtschnur, so es denn eine gibt, in jedem Fall zu tun haben wird mit dem Bewusstsein unserer selbst, unserer Verwandtschaft und unserer Verantwortung für den Planeten, der uns anvertraut ist. Für einige von uns wird sie natürlich verbunden sein mit religiöser Tradition und Praxis. Und das ist wunderbar. Für andere unter uns wird sie einfach verknüpft sein mit der Bereitschaft, mit diesem Stoff unseres Menschseins zu arbeiten, mit all seinem Versprechen und all seiner Zerbrechlichkeit. Und das ist wundervoll.

Hammarskjöld, der große Geist, wusste, dass sich nicht alles definieren und benennen lässt. Das ist weder nötig noch möglich. Etwas anderes allerdings braucht es: nämlich einen gewissen Glauben, nicht notwendigerweise an einen Himmel, sondern an uns selbst. Diesen braucht es, neben einem bestimmten Gefühl der Herzlichkeit und der vorsichtigen Hoffnung. Darüber sprach er zu Journalisten und Journalistinnen an einem Festmahl zu Beginn seiner zweiten Amtszeit im April 1958. Mit seinen Worten bei jener Gelegenheit können wir hiermit abschließen, was am Ende des Tages eigentlich doch *sein* Buch ist:

> Das äußerst gemächliche Wachstum, das nicht nur über unsere eigene Zeit, sondern in Wirklichkeit über die Spanne von Generationen hinausgeht, erscheint uns als allzu langsam, weil es sich nicht in Zahlen und Buchstaben auf Punkt und Komma festhalten lässt. Wir können schlichtweg nicht sagen, wie weit wir bisher gekommen sind. Wir müssen dafür eine Art Fingerspitzengefühl entwickeln, und auch ein solches reicht nicht aus, um zu sagen: »Wir haben Fortschritte gemacht.« Schließlich greifen wir zurück auf jene höchst unbeständige Sache, unsere Zuversicht, dass tatsächlich ein Fortschritt erzielt wurde oder dass wir uns in die richtige Richtung entwickeln, obwohl wir es nicht beweisen können, vielleicht sogar nicht einmal uns selbst. [...]
>
> Sehr häufig frage ich mich [...]: »Sei ehrlich, hast du eine solide Grundlage für das, was du da sagst, wenn du diesen sogenannten Optimismus äußerst?« Und irgendwie antwortet das ganze System: »Ja, das hast du«, aber dennoch kann ich sie nicht benennen. [...] Jenen, die daran glauben, dass wir in die Katastrophe steuern, kann ich nicht angehören oder mich anschließen. Ich glaube an eine Entwicklung, an ein Wachstum, für das wir verantwortlich sind, unseren Bruchteil eines Zentimeters beizutragen. [...]
>
> [Dies ist] nicht das zerbrechliche Vertrauen der Generationen vor uns, die dachten, alles sei zum Besten bestellt in der besten aller Welten. [...] Es ist [...] ein viel stärkerer Glaube – nämlich der Glaube und das Vertrauen, dass die Zukunft gut wird, weil es immer genügend Men-

schen geben wird, die für eine anständige Zukunft kämpfen.[20]

20. »An einem Mittagessen der United Nations Correspondents Association zu Ehren des Beginns seiner zweiten Amtszeit am 9. April 1958 in New York« in PP4, Seiten 62–64.

Anhang I

Der tödliche Flugzeugabsturz

Als Hammarskjöld am 13. September 1961 in der Hauptstadt des kurz zuvor unabhängig gewordenen Kongos landete, vier Tage vor seinem Rückflug, bei dem er und alle seine fünfzehn Reisebegleiter ihr Leben verlieren sollten, hatte er es mit einem unerwünschten, chaotischen, kaum eingrenzbaren Krieg in der entfernten Hauptstadt der abtrünnigen Provinz Katanga zu tun. Seine jüngsten schriftlichen Instruktionen an führende Mitglieder seines Teams im Kongo waren etwas mehrdeutig gewesen, sodass sich einige unter ihnen autorisiert gefühlt hatten, noch vor seiner Ankunft UN-Friedenstruppen einzusetzen, um in Katanga verbliebene ausländische Söldnerbanden festzunehmen und zu deportieren, die dort mit ihrer militärischen Erfahrung und Skrupellosigkeit das aufständische Regime unterstützten. Deren Festnahme hätte als die Lösung eines langanhaltenden Problems eine Art Begrüßungsgeschenk für Hammarskjöld sein sollen. Doch es klappte nicht, wie geplant. Stattdessen wurde aus einer angedachten begrenzten, gewaltlosen Polizeiaktion ein veritabler Kleinkrieg. Dieser musste gestoppt werden. Hammarskjöld geriet unter enormen Druck vonseiten der meistbetroffenen UN-Mitgliedsstaaten – besonders vom Vereinigten Königreich, von den Vereinigten Staaten und von der ehemaligen Kolonialmacht Belgien –, die Gewalt zu beenden und die Dinge wieder in vernünftige Bahnen zu bringen. Er entschloss sich, nach Ndola zu fliegen, einer Kupferbergbaustadt im heutigen Sambia, und mit dem Präsidenten

Katangas und dessen Ministern und europäischen Beratern einen Waffenstillstand auszuhandeln – und möglicherweise sogar weiterführende positive Übereinkünfte.

So flog er in der Abenddämmerung des 17. Septembers in einer von der UN gecharterten und von einer sehr erfahrenen schwedischen Besatzung pilotierten Maschine los. Der Flug sollte geheim bleiben und seine Route war so gewählt, dass die Gefahr eines Luftangriffs durch Kampflugzeuge der kleinen Luftwaffe Katangas, gesteuert von europäischen Söldnerpiloten, möglichst gering war. Hammarskjölds Maschine erreichte den Luftraum von Ndola kurz vor Mitternacht. Am Boden wurde er von einer größeren Menschenmenge erwartet – Docteur Hammarskjöld, wie einige Afrikanerinnen und Afrikaner den Mann achtungsvoll nannten, von dem sie wussten, dass er ihr Bestes im Sinne hatte. Es war also nichts geheim geblieben. Die Maschine drehte mehrfach über dem Flughafen – und verschwand. Unerklärlicherweise dauerte es bis Mitte des nächsten Nachmittags, dem 18. September, bis ein Suchflugzeug den ausgebrannten Rumpf der Maschine entdeckte. Alle Insassen hatten ihr Leben verloren mit Ausnahme eines Sicherheitsoffiziers, der seinen schweren Verletzungen wenige Tage später erlag. Hammarskjöld war offenbar aus der Maschine geschleudert worden; sein Körper lag abseits der Trümmer an einem hohen Termitenhügel. Jahrzehntelang galt ein Fehler der Piloten als Grund des Absturzes. Die Untersuchung der Vereinten Nationen aus dem Jahr 1962 ließ, wie zwei vorherige afrikanische Untersuchungen, die Möglichkeit einer gewaltsamen Ursache offen, lieferte dafür aber keine glaubhaften Indizien.

2011 publizierte Susan Williams ihre bahnbrechende Neuuntersuchung sämtlicher Fakten und Umstände, von denen zahlreiche schlichtweg übergangen worden oder unbekannt geblieben waren. »Wer tötete Dag Hammarskjöld?«, fragte sie (siehe Anhang II).

Obwohl ihre Frage 2011 nicht abschließend beantwortet werden konnte – Wird sich das bald ändern? –, untermauert ihr Buch mittels zahlreicher Augenzeugenberichte und weiterer Indizien, dass ein Absturz aufgrund von Fehlern der Piloten höchst unrealistisch ist. Viel wahrscheinlicher ist ein Angriff durch ein kleineres Flugzeug, das die Maschine wenige Meilen vor dem Flughafen Ndolas verfolgte. Afrikanerinnen und Afrikaner hatten das Kleinflugzeug vom Boden aus gesehen und eine Art Explosion beobachtet – doch der überwiegend von Weißen besetzte Untersuchungsausschuss, vor dem sie aussagten, hielt die Zeugen für unglaubwürdig. Ihre Aussagen wurden nicht in den Abschlussbericht aufgenommen und erst von Williams wiederentdeckt.

Wer hätte es wohl gewagt, Hammarskjöld zu ermorden? Wer hätte Angst gehabt vor dem, was er repräsentierte: das Bestreben nach einer unabhängigen, vereinigten, friedlichen, gedeihenden und großen Nation im Herzen des afrikanischen Kontinents?

Der Sicherheitsoffizier, der trotz schwerer Verbrennungen und weiterer Verletzungen wenige Tage überlebte, vermochte nur bruchstückhafte Informationen zu geben. Er hatte Funken am Himmel gesehen. Hammarskjöld hatte in Richtung Cockpit gerufen: »Zurück! Zurück!«, als habe noch eine Möglichkeit bestanden, sicher umzukehren.

Während des Flugs, so wissen wir, war Hammarskjöld damit beschäftigt, Martin Bubers klassischen Text *Ich und Du* ins Schwedische zu übersetzen. Seine aus der Maschine geschleuderte Aktentasche enthielt unter anderem seine handschriftlichen Entwürfe. Er hatte gerade übersetzt: »Im Anfang ist die Beziehung.«

Anhang II

Bücher und Quellen

Dieses kurze Vademecum braucht nicht die umfangreichen Bibliografien zu wiederholen, die ich in meinem Buch *Hammarskjöld: A Life* (Ann Arbor: University of Michigan Press, 2013) sowie mein verehrter Vorgänger BRIAN URQUHART in seiner Biografie *Hammarskjöld* (New York: Alfred A. Knopf, 1972) aufgeführt haben. Wichtige Grundlagen zum Studium Hammarskjölds sind die vier Bände der *Public Papers of the Secretaries-General of the United Nations* (New York: Columbia University Press, 1972–1975; in meinen Fußnoten abgekürzt als PP2 bis PP5) sowie Hammarskjölds Tagebuch (deutsch: *Zeichen am Weg*, herausgegeben von Manuel Fröhlich, Stuttgart: Verlag Urachhaus, 4. Auflage, 2017); sie werden am besten parallel zu den genannten Biografien gelesen, die Leben und Werk Hammarskjölds vorstellen und würdigen und sich auf das umfangreiche Archiv der schwedischen Nationalbibliothek (der Königlichen Bilbliothek, abgekürzt als KB) stützen.

Eine wegweisende Studie über den tödlichen Flugzeugabsturz und seine komplexen Hintergründe verdanken wir SUSAN WILLIAMS: *Who Killed Hammarskjöld? The UN, the Cold War and White Supremacy in Africa* (London: Hurst, 2011). Die von ihrem Buch angeregte neue Überprüfung durch die Vereinten Nationen, die Dokumente aus der bisherigen Untersuchung sowie viel weiteres Material, wie etwa investigative Presseartikel und Filmdokumente, können dank der hervorragenden Arbeit meines Freundes und Kollegen DAVID WARDROP, dem Leiter der United Nations Association, auf deren Webseite *hammarskjoldinquiry.info* eingesehen werden. Interessierte Leserinnen und Leser, die des Französischen mächtig sind, sollten umgehend ein wichtiges Buch aufschlagen, das erst vor Kurzem veröffentlicht wurde vom Investigativjournalisten Maurin Picard: *Ils ont tué Monsieur H: Congo 1961 – Le complot des mercenaries français contre l'ONU* (Paris: Éditions du Seuil, 2019). Ich hoffe, eine Übersetzung ins Englische wird nicht lange auf sich warten lassen. Picard hat die Erkenntnisse von Susan Williams noch erweitert, unser Verständnis des Kontextes vertieft und glaubhaft aufgezeigt, wer, wie und warum.

Susan Williams brillante Arbeit hat losgetreten, was ich beschreiben würde als eine rückhaltlose Neuuntersuchung nicht nur bei den Vereinten Nationen, sondern auch unter Journalistinnen und Journalisten und Dokumentarfilmern, die sich hartnäckig weigern, weniger als die ganze Wahrheit zu akzeptieren.

Hammarskjölds Spiritualität war schon früh ein Thema in Henry P. Van Dusen: *Dag Hammarskjöld: The Statesman and His Faith* (New York: Harper & Row, 1967) sowie vor Kürzerem in Paul R. Nelson: *Courage of Faith: Dag Hammarskjöld's Way in Quest of Negotiated Peace, Reconciliation and Meaning* (Frankfurt: Peter Lang GmbH, 2007) und in K.G. Hammar: *The Way Chose You: Archbishop Emeritus KG Hammar's Meditations upon Dag Hammarskjöld's "Markins"* (Göteborg: Kultursamverkan Svenska kyrkan, 2018). Leicht zu übersehen, aber bemerkenswert ist ferner die Rezension von Hammarskjölds Tagebuch von Brian Urquhart: "The Still Point" (*New Yorker*, 31. Oktober 1964, Seiten 232–244).

Unter den allgemeineren Monografien möchte ich aufmerksam machen auf Manuel Fröhlich: *Dag Hammarskjöld und die Vereinten Nationen: Die politische Ethik des UNO-Generalsekretärs* (Paderborn: Verlag Ferdinand Schöningh, 2002). Auch Professor Fröhlichs jüngster Beitrag, *The UN Secretary-General and the Security Council: A Dynamic Relationship* (Oxford: University Press, 2018), den er gemeinsam mit Abiodun Williams herausgab, enthält ein Kapitel über Hammarskjöld.

Mein Freund und Kollege Henning Melber, emeritierter Direktor der Dag-Hammarskjöld-Stiftung in Uppsala publiziert weiterhin Bücher und Artikel, die unser Bild und Verständnis von Hammarskjöld und seiner historischen Wirkung erweitern; sein jüngstes Werk trägt den Titel *Dag Hammarskjöld, the United Nations and the Decolonisation of Africa* (London: Hurst, 2019).

Die Dag-Hammarskjöld-Stiftung in Uppsala (*dag-hammarskjold.se*) und ihre Zweigstelle in New York fördern wichtige Forschungsprogramme, Publikationen und Vorträge zum Thema.

Zum Aspekt von Hammarskjölds kluger Politik während seiner Jahre bei den Vereinten Nationen finden Interessierte auch auf der von mir selbst betreuten Webseite *dag-hammarskjold.net* umfangreiches Material.

Jeder nächste Schritt von diesem kompakten Vademecum hin zu weiterführenden Quellen und Informationen, die neue Perspektiven eröffnen, ist ein guter Schritt.

Register

D

E

F

G